KB186473

유튜버 마루와 함께하는

YBM
보이는
일본어 회화

YBM YBM홀딩스

유튜버 마루와 함께하는

YBM
보이는
일본어 회화

발행인	민선식
펴낸곳	와이비엠홀딩스

저자	YBM 일본어연구소, 마루
동영상 강의	마루
기획	고성희, 이경숙
마케팅	정연철, 박천산, 고영노, 박찬경, 김동진, 김윤하
디자인	이미화, 이선주

초판 인쇄	2019년 11월 1일
초판 발행	2019년 11월 7일

신고일자	2012년 4월 12일
신고번호	제2012-000060호
주소	서울시 종로구 종로 104
전화	(02)2000-0154
팩스	(02)2271-0172
홈페이지	www.ybmbooks.com

ISBN 978-89-6348-169-2

저작권자 ⓒ 2019 와이비엠홀딩스, 마루

이 책의 저작권은 저자에게 있으며, 책의 제호 및 디자인에 대한 모든 권리는 출판사인 와이비엠홀딩스에 있습니다.
서면에 의한 저자와 출판사의 허락 없이 내용의 일부 혹은 전부를 인용 및 복제하거나 발췌하는 것을 금합니다.

 **머리말**

　우리에게 일본어는 영어만큼 익숙한 외국어입니다.

　최근 넘쳐나는 미디어의 영향으로 한국과 일본의 거리는 더욱 가까워져 일본어 교육에 대한 수요는 점점 늘어가고 있지만, '외국어 공부'라는 부담감으로 쉽게 시작하지 못하는 경우가 많습니다.

　'부담 없이 쉽고 재미있게 일본어를 배울 수 있는 방법은 뭐가 있을까?'라는 생각으로부터 시작된 것이 바로 『YBM 보이는 일본어 회화』입니다.

　본 교재는 영상을 보듯, 부담 없이 일본어를 접할 수 있도록 쉽고 일상적인 내용으로 구성하여, 중간에 흥미를 잃는 일 없이 일본어 회화를 마스터할 수 있도록 만들어졌습니다.

　문법과 회화의 두 가지 파트로 구성하여 일본어 실력의 종합적 향상은 물론, 일본 현지의 일상생활을 담은 영상 강의를 통해 현지인들의 생생한 일상 용어 또한 접할 수 있을 것입니다.

　외국어 공부에 있어서 가장 중요한 것은 흥미를 잃지 않는 것입니다.

　『YBM 보이는 일본어 회화』를 통해 '공부'라는 딱딱한 틀에서 벗어나 일본어 자체에 재미를 느낄 수 있길 바라며, 단순한 흥미로 끝나는 것이 아닌, 일본어 회화 마스터라는 좋은 결과로 이어지길 기원합니다.

YBM 일본어 연구소와 마루 드림

도쿄에서 마루가 보내 드리는
동영상 총 15강

안녕하세요.

[YBM 보이는 일본어 회화]의 유튜버 마루입니다.

유튜브에 일본 관련 영상을 올리다가 우연히 좋은 기회가 닿아 이렇게
YBM에서 인사를 드리게 되었어요.

지금부터 여러분이 보실 영상은 실제 일본 생활을 생생하게 담아
일본어를 조금 더 쉽고 재미있게 이해하실 수 있는,

그런 영상이 될 거예요! 그럼, 바로 시작해 볼까요?

YBM 홈페이지(www.ybmbooks.com) 검색창에 **[YBM 보이는 일본어 회화]**를 입력

[YBM 보이는 일본어 회화] 검색 결과 페이지에서 **[무료특강]**을 클릭

동영상 강의 목록에서 보고 싶은 **챕터를 클릭**하면 동영상 강의가 재생

YouTube에서 'YBM Books' 채널을 구독하시면 모바일에서도 강의를 보실 수 있습니다.
(유튜브 사이트 혹은 앱에서 'YBM Books' 또는 'YBM 보이는 일본어 회화'를 검색)

이 책의 구성과 특징

이 책은 두 파트(PART)에 걸쳐 총 15Chapter로 구성되어 있습니다.

우선 PART 1에서는 일본어 기초 문법을 품사별로 정리해 봅니다. 명사, な형용사, い형용사, 2그룹 동사, 3그룹 동사, 1그룹 동사, 다양한 동사 응용 표현의 일곱 챕터로 나누어 각각의 기본 표현과 응용 표현을 예문과 함께 정리할 수 있도록 했습니다.

PART 2에서는 일상생활에서 바로 사용할 수 있는 기본 현지회화 표현을 소개합니다. 기본 중의 기본인 인사말, 자기소개 표현을 비롯해, 여행 시에 요긴하게 사용할 수 있는 교통, 숙박, 쇼핑, 식당, 관광, 문제 해결 표현을 다양한 에피소드로 구성했습니다.

사진으로 보는 일본
각 챕터는 생생한 일본 현지 사진과 관련 어휘를 함께 익힐 수 있는 페이지로 시작합니다. 가벼운 마음으로 본 학습을 시작할 준비를 하세요.

QR코드로 바로바로 보이는 일본어
유튜버이자, 현재 일본에서 직장 생활을 하고 있는 마루짱의 생생한 일본 생활이 녹아 있는 '보이는 일본어 회화' 강의를 동영상으로 만나 보세요.

한눈에 보는 핵심 포인트
해당 챕터에서 학습할 내용의 핵심 포인트를 미리 확인해 보세요.

보이는 일본어 한마디
기초 문법을 현재/과거, 긍정/부정, 반말/존댓말 등으로 나눠 에피소드를 구성하였으며, 각 에피소드는 기초 문법을 확실히 마스터할 수 있도록 5개씩의 생생한 예문을 담았습니다. 원어민의 정확한 음성을 듣고 따라 말해 보세요. 예문에 사용된 어휘는 기본 필수 어휘는 물론, 요즘 일본에서 많이 쓰고 있는 최신 어휘도 함께 담았습니다.

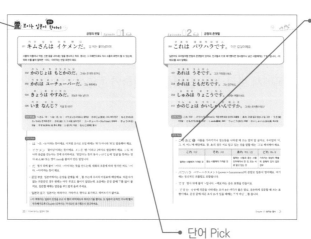

표현 Pick
핵심 표현을 쏙쏙 뽑아 이해하기 쉽게 설명을 곁들였습니다. 함께 알면 더 좋은 관련 표현들도 소개했습니다.

문화 Pick
표현과 관련된 일본 문화 설명을 덧붙였습니다. 일본어와 함께 문화도 알고 가세요.

단어 Pick
예문에 나온 단어들을 정리했습니다.

단어 Pick
실전 회화에 나오는 핵심 단어들을 정리했습니다.

보이는 실전 일본어
보이는 일본어 한마디를 통해 학습한 기초 표현들이 실제 대화에서 어떻게 유기적으로 사용되고 있는지를 보여 드립니다. 대화를 나눌 때는 대화 상대에 따라 반말과 존댓말이 혼재하고, 화제로 삼고 있는 주제가 과거의 일인지 앞으로의 일인지에 따라 시제가 섞이기도 하고, 또 긍정과 부정의 상황들이 모두 한데 어우러져 대화가 이루어지게 됩니다. 이런 실제 상황을 눈과 귀로 확인해 보세요.

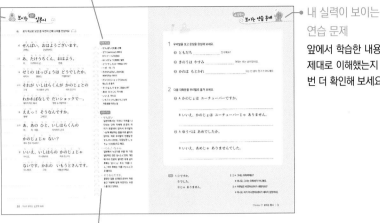

내 실력이 보이는 연습 문제
앞에서 학습한 내용을 제대로 이해했는지 한 번 더 확인해 보세요.

표현 Pick
기본 표현 외에 함께 알아두면 유용한 해설도 덧붙였습니다.

보이는 일본, 일본문화
마루짱이 소개하는 생생한 일본 이야기를 담았습니다. 일본에 살고 있는 한국인이 추천하는 가 볼 만한 숨은 명소와 일본의 각종 편의시설 이용 Tip, 그리고 일본에 살면서 느낀 일본이란 나라의 이모저모를 소개합니다.

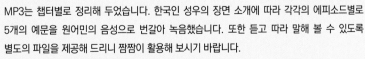

음원 & 미니북 다운로드
www.ybmbooks.com

MP3 이용법
MP3는 챕터별로 정리해 두었습니다. 한국인 성우의 장면 소개에 따라 각각의 에피소드별로 5개의 예문을 원어민의 음성으로 번갈아 녹음했습니다. 또한 듣고 따라 말해 볼 수 있도록 별도의 파일을 제공해 드리니 짬짬이 활용해 보시기 바랍니다.
각 챕터의 에피소드를 마스터하셨다면 그 표현들이 실제 일본인들의 대화에서 어떻게 쓰이고 있는지 '보이는 실전 일본어'를 들으면서 확인해 보세요.

미니북 이용법
본책에 수록한 640개의 기본 문장과 15개 장면의 실전 회화를 휴대 가능한 미니북으로 정리했습니다. 다운로드하여 원어민의 생생한 음성으로 언제 어디서나 반복해 들으며 기초 문법과 일상생활 일본어를 마스터하세요.

목차

PART 01 보이는 기초 일본어

PART 02 보이는 현지 일본어

일본어 문자와 발음

① 오십음도(청음)

히라가나와 가타카나를 5단 10행으로 배열한 것을 '오십음도(五十音図)'라고 해요.

히라가나(ひらがな) 히라가나는 일본어를 표기하는 가장 기본적인 글자로, 자음은 あ행, か행과 같이 '행'이라고 하고, 모음은 あ단, い단처럼 '단'이라고 해요.

행＼단	あ단	い단	う단	え단	お단
あ행	あ 아 [a]	い 이 [i]	う 우 [u]	え 에 [e]	お 오 [o]
か행	か 카 [ka]	き 키 [ki]	く 쿠 [ku]	け 케 [ke]	こ 코 [ko]
さ행	さ 사 [sa]	し 시 [shi]	す 스 [su]	せ 세 [se]	そ 소 [so]
た행	た 타 [ta]	ち 치 [chi]	つ 츠 [tsu]	て 테 [te]	と 토 [to]
な행	な 나 [na]	に 니 [ni]	ぬ 누 [nu]	ね 네 [ne]	の 노 [no]
は행	は 하 [ha]	ひ 히 [hi]	ふ 후 [fu]	へ 헤 [he]	ほ 호 [ho]
ま행	ま 마 [ma]	み 미 [mi]	む 무 [mu]	め 메 [me]	も 모 [mo]
や행	や 야 [ya]		ゆ 유 [yu]		よ 요 [yo]
ら행	ら 라 [ra]	り 리 [ri]	る 루 [ru]	れ 레 [re]	ろ 로 [ro]
わ행	わ 와 [wa]				を 오 [wo]
			ん 응 [n]		

가타카나(カタカナ) 가타카나는 외래어나 의성어·의태어, 그리고 강조하는 말을 표기할 때 사용해요.

단 행	ア단	イ단	ウ단	エ단	オ단
ア행	ア 아 [a]	イ 이 [i]	ウ 우 [u]	エ 에 [e]	オ 오 [o]
カ행	カ 카 [ka]	キ 키 [ki]	ク 쿠 [ku]	ケ 케 [ke]	コ 코 [ko]
サ행	サ 사 [sa]	シ 시 [shi]	ス 스 [su]	セ 세 [se]	ソ 소 [so]
タ행	タ 타 [ta]	チ 치 [chi]	ツ 츠 [tsu]	テ 테 [te]	ト 토 [to]
ナ행	ナ 나 [na]	ニ 니 [ni]	ヌ 누 [nu]	ネ 네 [ne]	ノ 노 [no]
ハ행	ハ 하 [ha]	ヒ 히 [hi]	フ 후 [fu]	ヘ 헤 [he]	ホ 호 [ho]
マ행	マ 마 [ma]	ミ 미 [mi]	ム 무 [mu]	メ 메 [me]	モ 모 [mo]
ヤ행	ヤ 야 [ya]		ユ 유 [yu]		ヨ 요 [yo]
ラ행	ラ 라 [ra]	リ 리 [ri]	ル 루 [ru]	レ 레 [re]	ロ 로 [ro]
ワ행	ワ 와 [wa]				ヲ 오 [wo]
			ン 응 [n]		

② 탁음과 반탁음

탁음은 글자의 오른쪽 위에 탁점(ﾞ)이 붙은 것으로, が·ざ·だ·ば행에 붙고, 반탁음은
글자의 오른쪽 위에 반탁점(ﾟ)이 붙은 것으로 ぱ행에만 붙어요.

행＼단	あ단		い단		う단		え단		お단	
が행	が	ガ	ぎ	ギ	ぐ	グ	げ	ゲ	ご	ゴ
	가 [ga]		기 [gi]		구 [gu]		게 [ge]		고 [go]	
ざ행	ざ	ザ	じ	ジ	ず	ズ	ぜ	ゼ	ぞ	ゾ
	자 [za]		지 [zi]		즈 [zu]		제 [ze]		조 [zo]	
だ행	だ	ダ	ぢ	ヂ	づ	ヅ	で	デ	ど	ド
	다 [da]		지 [zi]		즈 [zu]		데 [de]		도 [do]	
ば행	ば	バ	び	ビ	ぶ	ブ	べ	ベ	ぼ	ボ
	바 [ba]		비 [bi]		부 [bu]		베 [be]		보 [bo]	
ぱ행	ぱ	パ	ぴ	ピ	ぷ	プ	ぺ	ペ	ぽ	ポ
	파 [pa]		피 [pi]		푸 [pu]		페 [pe]		포 [po]	

③ 요음

요음은 모음 행(あ·や행)을 제외한 모든 자음 행의 イ단 글자에 반모음 や, ゅ, ょ를 작게
붙인 글자로, 발음할 때는 '캬, 샤, 챠'와 같이 한 음으로 발음해요.

きゃ / キャ	きゅ / キュ	きょ / キョ	ぎゃ / ギャ	ぎゅ / ギュ	ぎょ / ギョ
캬 [kya]	큐 [kyu]	쿄 [kyo]	갸 [gya]	규 [gyu]	교 [gyo]
しゃ / シャ	しゅ / シュ	しょ / ショ	じゃ / ジャ	じゅ / ジュ	じょ / ジョ
샤 [sya]	슈 [syu]	쇼 [syo]	쟈 [zya]	쥬 [zyu]	죠 [zyo]
ちゃ / チャ	ちゅ / チュ	ちょ / チョ	にゃ / ニャ	にゅ / ニュ	にょ / ニョ
챠 [cha]	츄 [chu]	쵸 [cho]	냐 [nya]	뉴 [nyu]	뇨 [nyo]

ひゃ ヒャ	ひゅ ヒュ	ひょ ヒョ	びゃ ビャ	びゅ ビュ	びょ ビョ
햐 [hya]	휴 [hyu]	효 [hyo]	뱌 [bya]	뷰 [byu]	뵤 [byo]
ぴゃ ピャ	ぴゅ ピュ	ぴょ ピョ	みゃ ミャ	みゅ ミュ	みょ ミョ
퍄 [pya]	퓨 [pyu]	표 [pyo]	먀 [mya]	뮤 [myu]	묘 [myo]
りゃ リャ	りゅ リュ	りょ リョ			
랴 [rya]	류 [ryu]	료 [ryo]			

④ 촉음(っ)

촉음(っ)은 우리말의 받침 역할을 하는 글자로, 다른 글자의 오른쪽 아래에 つ를 작게 써넣은 거예요. 우리말로 발음할 때는 か행 앞에서는 'ㄱ', さ행·た행 앞에서는 'ㅅ', 그리고 ぱ행 앞에서는 ㅂ 받침의 역할을 해요.

⑤ 발음(ん)

발음(ん)은 비음의 하나로 촉음과 마찬가지로 우리말의 받침 역할을 해요. ん 뒤에 오는 글자에 따라 'ㅇ, ㄴ, ㅁ, 콧소리'로 발음해요. か·が행 앞에서는 'ㅇ', さ·ざ·た·だ·な·ら행 앞에서는 'ㄴ', ば·ぱ·ま행 앞에서는 'ㅁ', あ·は·や·わ행 앞 또는 ん으로 끝날 때는 콧소리로 발음합니다.

⑥ 장음(긴소리)

긴소리라는 뜻으로 특정 부분의 소리를 길게 발음해요. 같은 모음이 연속(あ단+あ, い단+い, う단+う, え단+い/え, お단+う/お)으로 올 때는 뒷 글자의 발음은 생략하고 앞 글자를 길게 발음합니다. 장음을 기호로 표기할 때는 'ー'와 같이 나타내요.

PART 01

보이는 일본어 기초

콤 비 니
コンビニ 편의점

타 바 꼬
たばこ 담배

단 세 -
だんせい 남성

오 까 시
おかし 과자

후 따 리
ふたり 두 명, 두 사람

잣 시
ざっし 잡지

심 붕
しんぶん 신문

망 가
まんが 만화

^{이 케 멩}
イケメン 꽃미남

> ^{쥬 - 스}
> **ジュース** 주스

> ^{미 네 라 루 워 - 타 -}
> **ミネラルウォーター** 생수

> ^{규 - 뉴 -}
> **ぎゅうにゅう** 우유

한눈에 보는 핵심 포인트

^{이 케 멘 다}
イケメンだ

^{이 케 멘 데 스}
イケメンです

^{이 케 멘 쟈 나 이}
イケメンじゃ ない

^{이 케 멘 쟈 아 리 마 셍}
イケメンじゃ ありません

^{이 케 멘 닷 따}
イケメンだった

^{이 케 멘 데 시 따}
イケメンでした

^{이 케 멘 쟈 나 깟 따}
イケメンじゃ なかった

^{이 케 멘 쟈 아 리 마 센 데 시 따}
イケメンじゃ ありませんでした

보이는 일본어 **명사** 한마디

001 キムさんは イケメンだ。
키 무 상 와 이 케 멘 다

김 씨는 꽃미남이야.

사물의 이름이나 직업, 신분 등을 나타내는 말을 명사라고 하죠. 명사는 그 자체만으로도 의사 소통의 표현이 될 수 있는데, 뒤에 だ를 붙여 말하면 '~이다, ~이야'라는 반말 표현이 돼요.

002 かのじょは もとかのだ。
카 노 죠 와 모 또 까 노 다

그녀는 전 여자 친구야.

003 かれは ユーチューバーだ。
카 레 와 유 - 츄 - 바 - 다

그는 유튜버야.

004 きょうは やすみだ。
쿄 - 와 야 스 미 다

오늘은 쉬는 날이야.

005 いま なんじ？
이 마 난 지

지금 몇 시야?

단어 Pick 〜さん ~씨 │ 〜は ~은, ~는 │ イケメン(いけめん) 꽃미남 │ かのじょ(彼女) 그녀, 여자 친구 │ もとかの(元かの) 전 여자 친구 │ かれ(彼) 그, 그 사람, 남자 친구 │ ユーチューバー(You Tuber) 유튜버 │ きょう(今日) 오늘 │ やすみ(休み) 쉼, 휴식, 휴일 │ いま(今) 지금 │ なんじ(何時) 몇 시

표현 Pick

○ **は** '~은, ~는'이라는 뜻이에요. 이처럼 조사로 쓰일 때에는 '하'가 아니라 '와'로 발음해야 해요.

○ **イケメン** '꽃미남'이라는 뜻이에요. メン은 '멩-'이라고 2박자로 발음해야 해요. ン도 하나의 음값을 갖는다는 것에 유의하세요. '멋있다'는 뜻의 동사 いけてる에 '얼굴'을 뜻하는 명사 めん(面) 또는 영어 men을 붙여서 만든 말입니다.

○ **だ** 명사 뒤에 붙어 '~이다, ~이야'라는 뜻을 만드는데, 대화의 흐름에 따라 명사만 써도 '~이다, ~이야'라는 뜻이 돼요.

○ **문장 부호** 일본어에서는 문장을 끝맺을 때 '。'를 쓰는데 우리의 마침표에 해당해요. 의문사가 없는 의문문인 경우 원래는 아무 부호도 붙이지 않았는데, 요즘에는 문장 끝에 '?'를 많이 붙여요. 질문할 때에는 말끝을 부드럽게 올려 주세요.

○ **일본어 표기** 일본어는 히라가나, 가타카나, 한자로 표기하고, 띄어쓰기가 없어요.

*이 책에서는 일본어 문장을 조금 더 빨리 파악하도록 띄어쓰기를 했어요. 또 일본어 문자인 가나에 빨리 익숙해지도록 Chapter 02까지는 가나로만 표기했으니 참고하세요.

코 레 와 파 와 하 라 데 스
006 **これは パワハラです。** 이건 갑질이에요.

일본어도 우리말처럼 반말과 존댓말이 있어요. 친구들과 다로 얘기했다면 윗사람이나 낯선 사람에게는 です(~입니다, ~이에요)를 써서 말해요.

아 레 와 우 소 데 스
007 **あれは うそです。** 그건 거짓말이에요.

카 레 와 토 모 다 찌 데 스
008 **かれは ともだちです。** 그는 친구예요.

슈 미 와 료 꼬 - 데 스
009 **しゅみは りょこうです。** 취미는 여행이에요.

카 노 죠 와 카 이 샤 인 데 스 까
010 **かのじょは かいしゃいんですか。** 그녀는 회사원이에요?

단어 Pick ▶ これ 이것 | パワハラ(ぱわはら) 직장 권력 또는 상사의 괴롭힘 | あれ (서로 알고 있는) 그 일, 그것 | うそ(嘘) 거짓말 | ともだち(友達) 친구 | しゅみ(趣味) 취미 | りょこう(旅行) 여행 | かいしゃいん(会社員) 회사원

표현 Pick

○ **こそあど ❶** 사물을 가리키거나 장소 등을 나타낼 때 쓰는 말의 앞 글자로, 우리말의 '이, 그, 저, 어느'에 해당해요. あ의 경우 서로 알고 있는 것을 말할 때는 '그'로 해석해야 해요.

これ 이것	**それ** 그것	**あれ** 저것, 그것	**どれ** 어느 것
말하는 사람에게 가까운 것	듣는 사람에게 가까운 것	말하는 사람과 듣는 사람 모두에게서 먼 것, 또는 서로 알고 있는 것	가리키는 대상이 특별히 정해져 있지 않은 경우

○ **パワハラ** パワーハラスメント(power+harassment)의 준말로 일본식 영어예요. 여기에는 정신적인 괴롭힘도 포함됩니다.

○ **です** 명사 뒤에 붙어 '~입니다, ~예요'라는 공손 표현을 만들어요.

○ **ですか** です에 의문을 나타내는 조사 か(~까?)가 붙은 말로, 공손하게 질문할 때 쓰는 표현이에요. 문장 끝에 의문 조사 か가 있을 때에는 '?'가 아닌 '。'를 씁니다.

011 <ruby>す<rt>습</rt></ruby><ruby>っ<rt></rt></ruby><ruby>ぴ<rt>삔</rt></ruby><ruby>ん<rt></rt></ruby><ruby>じゃ<rt>쟈</rt></ruby> <ruby>な<rt>나</rt></ruby><ruby>い<rt>이</rt></ruby>。 생얼이 아니야.

> 긍정이 있으면 부정도 있는 법! 명사에 じゃ ない를 붙이면 '~이 아니다, ~이 아니야'라는 부정의 뜻이 돼요.

012 はたちじゃ ない。 스무 살이 아니야.
(하 따찌 쟈 나이)

013 こどもじゃ ない。 어린아이가 아니야.
(코 도 모 쟈 나이)

014 てんさいじゃ ない。 천재가 아니야.
(텐 사 이 쟈 나이)

015 こいびとじゃ ない？ 애인이 아니야?
(코 이 비 또 쟈 나이)

단어 Pick すっぴん(素っぴん) 화장을 안 한 맨얼굴, 민낯 | はたち(二十歳) 스무 살 | こども(子供) 어린아이 | てんさい(天才) 천재 | こいびと(恋人) 연인, 애인

표현 Pick

- **じゃ ない** 명사 뒤에 붙어 '~이 아니다, ~이 아니야'라는 부정의 뜻을 만들어요. 말끝을 살짝 올리면 질문도 돼요. 같은 뜻의 표현으로 では ない가 있는데 주로 글을 쓸 때 써요.

- **숫자와 나이 말하기** 일본에서는 나이를 '만'으로 셉니다.

1	2	3	4	5	6
いち	に	さん	し・よん	ご	ろく
7	8	9	10	11	12
しち・なな	はち	く・きゅう	じゅう	じゅういち	じゅうに

한 살	두 살	세 살	네 살	다섯 살	여섯 살
いっさい (一歳)	にさい (二歳)	さんさい (三歳)	よんさい (四歳)	ごさい (五歳)	ろくさい (六歳)
일곱 살	여덟 살	아홉 살	열 살		스무 살
ななさい (七歳)	はっさい (八歳)	きゅうさい (九歳)	じゅっさい・じっさい (十歳)		はたち (二十歳)

Episode 04 🔊004 | **부정의 존댓말**

016 **ラッパーじゃ ありません。** 래퍼가 아니에요.
랍 파   쟈   아 리 마 셍

명사를 써서 공손하게 부정하고 싶을 때에는 じゃ ありません을 붙여 보세요. 그러면 '~이 아닙니다, ~이 아니에요'라는
표현이 돼요.

017 **がくせいじゃ ありません。** 학생이 아니에요.
각 세 - 쟈   아 리 마 셍

018 **おかねもちじゃ ありません。** 부자가 아니에요.
오 까 네 모 찌 쟈   아 리 마 셍

019 **げいのうじんじゃ ありません。** 연예인이 아니에요.
게 - 노 - 진 쟈   아 리 마 셍

020 **かれしじゃ ありませんか。** 남자 친구가 아니에요?
카 레 시 쟈   아 리 마 셍 까

단어 Pick ▶ ラッパー(rapper) 래퍼 │ がくせい(学生) 학생 │ おかねもち(お金持ち) 부자 │ げいのうじん(芸能人)
연예인 │ かれし(彼氏) 남자 친구

표현 Pick

○ **じゃ ありません** じゃ ない(~이 아니다)의 공손한 표현으로, 명사 뒤에 붙어 '~이 아
닙니다, ~이 아니에요'라는 뜻을 나타내요. 같은 뜻의 표현으로 じゃ ないです(じゃ ない+で
す)가 있는데 일상회화에서는 많이 쓰지만, 글을 쓸 때에는 では ありません을 쓰는 게 좋
아요. じゃ ないです → では ないです → じゃ ありません → では ありません 순으로 더
격식 차린 느낌을 줍니다.

○ **かれし(彼氏)** 현재 '남자 친구'를 뜻하지만, '그분, 그 사람'이라는 뜻으로도 쓰이니 앞뒤 문
맥을 잘 살펴보도록 합시다.

카 노 죠 와 루 스 닷 따
021 かのじょは るすだった。 그녀는 부재중이었어.

과거가 없이는 현재도 없겠죠? 명사에 だった를 붙이면 '~이었다, ~이었어'라는 반말 과거 표현을 만들 수 있어요.

유 - 베 와 유 끼 닷 따
022 ゆうべは ゆきだった。 어젯밤은 눈이었어[눈이 내렸어].

카 레 와 히 다 리 끼 끼 닷 따
023 かれは ひだりききだった。 그는 왼손잡이였어.

모 또 까 레 와 쵸 - 유 - 메 - 진 닷 따
024 もとかれは ちょうゆうめいじんだった。
전 남자 친구는 엄청난 유명인이었어.

무 까 시 와 이 나 까 닷 따
025 むかしは いなかだった? 옛날에는 시골이었어?

단어 Pick るす(留守) 부재중, 외출하고 집에 없음 | ゆうべ 어젯밤 | ゆき(雪) 눈 | ひだりきき(左利き) 왼손잡이 | もとかれ(元かれ) 전 남자 친구 | ちょう(超)~ 아주, 엄청난 | ゆうめいじん(有名人) 유명인 | むかし(昔) 옛날 | いなか(田舎) 시골

표현 Pick

○ **だった** だ(~이다)의 과거형으로, 명사 뒤에 붙어 '~이었다, ~이었어'라는 뜻을 나타내요. 작은 'っ'도 1박자 음절이니까 3박자로 발음해야 해요.

○ **もと~**

과거 vs 현재	
もとかれ 전 남친	かれし 현재 남친
もとかの 전 여친	かのじょ 현재 여친

○ **ちょう~** 원래는 ちょうとっきゅう(超特急: 초특급)처럼 명사에 붙어서 어떤 정도가 보통 이상의 상태인 것을 나타내는 말이었는데, 일상회화에서는 명사 이외의 다른 말에도 붙여서 많이 써요.

히 또 반 쥬 - 아 메 데 시 따
026 **ひとばんじゅう あめでした。**

밤새도록 비였어요[비가 내렸어요].

명사에 でした를 붙이면 '~이었습니다, ~이었어요'라는 공손한 긍정 표현을 만들 수 있어요. 앞에서 공부한 です(~입니다)의 과거형이죠.

키 노 - 와 시 고 또 데 시 따
027 **きのうは しごとでした。** 어제는 일이었어요[일했어요].

아 소 꼬 와 코 - 지 쮸 - 데 시 따
028 **あそこは こうじちゅうでした。** 거기는 공사 중이었어요.

쮸 - 샤 죠 - 와 무 료 - 데 시 따
029 **ちゅうしゃじょうは むりょうでした。** 주차장은 무료였어요.

테 스 토 와 이 쯔 데 시 따 까
030 **テストは いつでしたか。** 시험은 언제였어요?

단어 Pick ▶ ひとばんじゅう(一晩中) 밤새도록 | あめ(雨) 비 | きのう(昨日) 어제 | しごと(仕事) 일, 업무 | あそこ 저기, 저곳 | こうじちゅう(工事中) 공사 중 | ちゅうしゃじょう(駐車場) 주차장 | むりょう(無料) 무료 | テスト(test) 테스트, 시험 | いつ 언제

표현 Pick

○ **でした** 명사 뒤에 붙어 '~이었습니다, ~이었어요'라는 뜻을 나타내요. です(~입니다)의 과거형이죠.

○ **こそあど ❷**

ここ 여기, 이곳	**そこ** 거기, 그곳	**あそこ** 저기, 저곳, 그곳	**どこ** 어디
말하는 사람에게 가까운 곳	듣는 사람에게 가까운 곳	말하는 사람과 듣는 사람 모두에게서 먼 곳, 또는 서로 알고 있는 곳	잘 모르는 곳

○ **テスト** '테스트, 시험'이라는 뜻이에요. 같은 뜻을 나타내는 단어로 しけん(試験)이 있는데요, テスト는 가벼운 평가를 위해 보는 일종의 검사 같은 시험이고, しけん은 주로 선발을 위해 보는 것으로 당락이라는 무시무시한 결과가 나오는 시험일 때 써요. 하지만 '중간시험'이나 '기말시험'처럼 テスト와 しけん 모두 쓰는 경우도 있답니다.

031 うわきものじゃ なかった。 바람둥이가 아니었어.

우와끼모노 쟈 나 깟 따

명사에 じゃ なかった를 붙이면 '~이 아니었다, ~이 아니었어'라는 표현이 되는데, 이 말은 친한 사이에서 쓰는 반말이에요. Episode 03에서 공부한 じゃ ない(~이 아니다)의 과거 표현이죠.

032 ゆめじゃ なかった。 꿈이 아니었어.
유 메 쟈 나 깟 따

033 それは じこじゃ なかった。 그건 사고가 아니었어.
소 레 와 지 꼬 쟈 나 깟 따

034 かぜじゃ なかった。 インフルエンザだった。
카 제 쟈 나 깟 따 인 후 루 엔 자 닷 따

감기가 아니었어. 독감이었어.

035 なまほうそうじゃ なかった？ 생방송이 아니었어?
나 마 호 - 소 - 쟈 나 깟 따

단어 Pick うわきもの(浮気者) 바람둥이 | ゆめ(夢) 꿈 | じこ(事故) 사고 | かぜ(風邪) 감기 | インフルエンザ (influenza) 급성 호흡기 질환, 독감 | なまほうそう(生放送) 생방송

표현 Pick

○ **じゃ なかった** 명사 뒤에 붙어 '~이 아니었다, ~이 아니었어'라는 뜻을 나타내요. じゃ ない(~이 아니다)의 과거형이죠. ない가 なかった로 변한 것에 시선 집중!

○ **なま(生)** '가공하지 않음, 자연 그대로임'이라는 뜻으로, 다른 말 앞에 붙어 '생~, 날것'이라는 의미를 더해요.

なまごみ(生ごみ) 음식물 쓰레기	
なまビール(生ビール) 생맥주	
なまキムチ(生キムチ) 겉절이	
なまえんそう(生演奏) 라이브 콘서트, 실제로 연주함	
なまクリーム(生くりーむ) 생크림	

메 - 와 꾸 메 - 루 쟈 아 리 마 셍 데 시 따
036 めいわくメールじゃ ありませんでした。
스팸메일이 아니었어요.

じゃ ありませんでした는 Episode 04에서 공부한 じゃ ありません(~이 아닙니다)의 과거 표현이에요. 명사에 붙이면 '~이 아니었습니다, ~이 아니었어요'라는 과거의 일을 공손하게 부정하는 표현이 돼요.

오 또 나 쟈 아 리 마 셍 데 시 따
037 おとなじゃ ありませんでした。 어른이 아니었어요.

시 로 - 또 쟈 아 리 마 셍 데 시 따
038 しろうとじゃ ありませんでした。 풋내기가 아니었어요.

이 리 구 찌 쟈 아 리 마 셍 데 시 따
039 いりぐちじゃ ありませんでした。 입구가 아니었어요.

쿄 - 다 이 쟈 아 리 마 셍 데 시 따 까
040 きょうだいじゃ ありませんでしたか。 형제가 아니었어요?

단어 Pick めいわく(迷惑)メール 스팸메일 | おとな(大人) 어른 | しろうと(素人) 어떤 일에 훈련을 받지 않은 사람, 초심자, 풋내기 | いりぐち(入口) 입구 | きょうだい(兄弟) 형제

표현 Pick

◦ **じゃ ありませんでした** '~이 아니었습니다, ~이 아니었어요'라는 뜻으로, じゃ ありません의 과거형이에요. じゃ なかったです(じゃ なかった+です)와 같은 표현이지만, じゃ ありませんでした가 더 공손한 느낌이에요. じゃ なかったです→では なかったです→じゃ ありませんでした→では ありませんでした 순으로 더 격식 차린 느낌을 줍니다.

◦ **めいわくメール** '스팸메일'을 말해요. めいわく(迷惑)는 '민폐, 폐', メール(mail)는 '메일, 이메일'을 뜻하는데, スパムメール(= スパム(spam mail))라고도 해요. '보이스 피싱'은 ふりこめさぎ(振り込め詐欺)라고 하는데 ふりこめ는 '(계좌) 입금'을 뜻해요. 고령자에게 전화해 "おれだよ、おれ(나야, 나)"라고 아들이나 손자인 척 속여 입금을 시키는 데서 이름 붙여진 オレオレさぎ(おれおれ詐欺)도 ふりこめさぎ의 일종이에요.

다 레 노　스 마 호 데 스 까
041 **だれの　スマホですか。** 누구(의) 스마트폰이에요?

の는 우리말 '~의'라는 뜻으로, 우리는 '의'를 자주 생략하지만, 일본어에서는 절대로 の를 생략하면 안 돼요. 지금부터 の의 여러 가지 뜻을 알아보기로 해요.

쿄 － 와　카 노 죠 노　탄 죠 － 비 다
042 **きょうは　かのじょの　たんじょうびだ。** 오늘은 여자 친구(의) 생일이야.

아 이 도 루 노　민 호 노　다 이 환 데 스
043 **アイドルの　ミンホの　だいファンです。** 아이돌(인) 민호(의) 광팬이에요.

하 이 유 － 노　야 마 다 산 데 스
044 **はいゆうの　やまださんです。** 배우(인) 야마다 씨예요.

와 따 시 노 데 스
045 **わたしのです。** 제 거예요[저의 것이에요].

단어 Pick だれ(誰) 누구 | スマホ(smart phone) 스마트폰 | たんじょうび(誕生日) 생일 | アイドル(idol) 아이돌 | だい(大)ファン(fan) 열성팬, 광팬 | はいゆう(俳優) 배우 | ～さん ~씨 | わたし(私) 나

표현 Pick

∘ **の** 일본어에서 の의 활약은 엄청나요. 여기에서는 그중 몇 가지만 소개할게요. 주의할 점은 우리말 '의'에 해당한다고 해서 の를 무턱대고 생략하면 절대 안 된다는 거예요.

소유의 의미일 때	~의
동격의 의미일 때	~인
소유대명사일 때	~의 것

∘ **わたし와 ぼく**

	남자	여자
공적인 자리	わたし	わたし
사적인 자리	ぼく、おれ	わたし、あたし

*おれ가 ぼく보다 더 격의 없는 느낌을 줘요.

046
메 이 와　　쇼 - 산 데　　오 이 와　　쇼 - 이 찌 데 스
めいは しょう3で、 おいは しょう1です。

여자 조카는 초등학교 3학년이고, 남자 조카는 초등학교 1학년이에요.

で는 우리말 '~이고, ~으로'라는 뜻으로, 여러 개의 명사문을 연결해서 말할 때 쓰는 표현이에요.

047
마 에 와　　카 와 데　　우 시 로 와　　야 마 데 스
まえは かわで うしろは やまです。

앞은 강이고, 뒤는 산이에요.

048
우 에 와　　뵤 - 인 데　　시 따 와　　카 훼 데 스
うえは びょういんで したは カフェです。

위는 병원이고, 아래는 카페예요.

049
카 노 죠 와　　보 - 카 루 데　　카 레 와　　단 사 - 데 스
かのじょは ボーカルで、 かれは ダンサーです。

그녀는 보컬이고, 그는 댄서예요.

050
고 젠 쮸 - 와　　아 메 데　　고 고 와　　유 끼 데 시 따
ごぜんちゅうは あめで、 ごごは ゆきでした。

오전 중에는 비이고, 오후에는 눈이었어요.

단어 Pick ▶ めい(姪) 여자 조카 | しょう(小) 초등학교〈しょうがっこう(小学校)의 준말〉 | 3(さん) 3, 삼 | おい(甥) 남자 조카 |
1(いち) 1, 일 | まえ(前) 앞 | かわ(川) 강 | うしろ(後ろ) 뒤 | やま(山) 산 | うえ(上) 위 | びょういん(病院)
병원 | した(下) 아래 | カフェ(cafe) 카페 | ボーカル(vocal) 보컬 | ダンサー(dancer) 댄서 | ごぜんちゅう(午
前中) 오전 중 | ごご(午後) 오후

표현 Pick

◦ で　で는 Episode 01에서 공부한 だ(~이다)가 변한 말인데, 명사로 끝나는 짧은 문장을 이
어 줄 때는 '~이고, ~으로'로 해석돼요.

◦ **위치를 나타내는 말**

なか(中)	안, 속
ひだり(左)	왼쪽
みぎ(右)	오른쪽
となり(隣)	옆

❋ 료가 학교로 오던 중 우연히 선배 소미를 만났어요. 🎧

료
셈 빠 이　오하요-고자이마스
せんぱい。おはようございます。
선배님.　　　　　안녕하세요.

소미
아　타께우찌 꿍　오하요-
あ、たけうちくん、おはよう。
아,　다케우치 군,　　　안녕.

료
제미 노　합 뾰-와　도-데시 따 까
ゼミの　はっぴょうは　どうでしたか。
세미나　발표는　　어땠어요?

소미
소 레 가　이시하라 꿍 가　카노 죠 또 노
それが　いしはらくんが　かのじょとの
그게　　이시하라 군이　　　여자 친구가

와 까 레 바 나 시 데　다 이　　속　쿠 데
わかればなしで　だいショックで…。
헤어지자고 해서　　엄청 쇼크받아서….

료
에 엣　　소 - 난 데 스 까
ええっ！　そうなんですか。
네에!　　그래요?

소미
아　아 노　히 또　이 시 하 라 꿍 노
あ、あの　ひと、いしはらくんの
아,　저 사람,　　이시하라 군의

카 노 죠　쟈　나 이
かのじょじゃ　ない？
여자 친구 아니야?

료
이 - 에　이 시 하 라 노　카 노 죠 　쟈
いいえ、いしはらの　かのじょじゃ
아니요,　이시하라의　　　여자 친구가

나 이 데 스　카 레 노　이 모 - 또 산 데 스
ないです。かれの　いもうとさんです。
아니에요.　그의　　여동생이에요.

단어 Pick

- せんぱい(先輩) 선배
- ゼミ (seminar) 세미나
  〈ゼミナール의 준말〉
- はっぴょう(発表) 발표
- どうでしたか 어땠습니까?
- 〜が ~이, ~가
- わかればなし(別れ話)
  헤어지자는 이야기
- だい(大)ショック(shock)
  대쇼크, 큰 충격
- そうなんですか 그렇습니까?
- あの ひと(人) 저 사람
- いいえ 아니요
- いもうとさん(妹さん) 남의
  여동생을 이르는 말

표현 Pick

- せんぱい
  일본어에서는 직위나 직책을 나타
  내는 단어 자체에 존경의 의미가
  포함되어 있어서 우리말의 '~님'에
  해당하는 말을 따로 붙이지 않아
  요. 예로 우리말의 '선생님'은 せん
  せい(先生), '사장님'은 しゃちょ
  う(社長)라고 해요.

- 〜くん / 〜ちゃん
  일본에서 누군가를 부를 때 가장
  일반적인 것은 '성+さん'인데, 개인
  에 따라 친분이 쌓이면 대개 남자
  후배는 '성+くん' 또는 '이름+く
  ん', 여자 후배는 '이름+ちゃん'으
  로 불러요.

- そうなんですか。
  몰랐던 일을 상대방으로부터 처음
  듣고 '덕분에 알게 되었다'는 뉘앙
  스를 갖고 있어요.

1 우리말을 보고 문장을 완성해 보세요.

❶ ともだち _____ 친구예요?

❷ きのうは やすみ _____ 어제는 쉬는 날이었어요.

❸ かれは もとかれ _____ 그는 전 남자 친구가 아니에요.

2 다음 대화문을 우리말로 옮겨 보세요.

❶ A かのじょは ユーチューバーですか。

_____

B いいえ、かのじょは ユーチューバーじゃ ありません。

_____

❷ A ゆうべは あめでしたか。

_____

B いいえ、あめじゃ ありませんでした。

_____

정답 1. ① ですか。

② でした。

③ じゃ ありません。

2. ① A 그녀는 유튜버예요?

B 아니요, 그녀는 유튜버가 아니에요.

② A 어젯밤은 비였어요[비가 내렸어요]?

B 아니요, 비가 아니었어요[비가 내리지 않았어요].

마루짱의 블로그
생생한 일본 현지 이야기

프로필 ▶ 쪽지 ▶

이웃

category ∧

– 전체보기

ㄴ 일본 여행

ㄴ 일본 생활

ㄴ 일본 정보

tags 　　최근 | 인기

일본, 여행, 일본 편의점,
도시락, 일본 디저트, 쇼핑,
일본문화

일본의 펍,

이자카야(居酒屋)

　일본의 술(お酒) 문화를 대표하는 곳, 흔히 선술집이라고 부르는 이자카야(居酒屋)는 다양한 주류와 간단한 요리를 즐길 수 있는 가성비 좋은 주점으로, 가볍게 술을 즐기는 여행객들에게는 매력적인 곳입니다.

　대표 메뉴로는 술안주로 안성맞춤인 꼬치(串) 요리와 튀김(天ぷら), 사시미(刺身) 등이 있어요. 그런데, 의외로 이자카야에서 주문할 때 긴장하는 사람이 많다는 사실, 알고 계신가요?

　바로 일본어 독해의 최대 난관이라고 불리는 이자카야의 메뉴판(メニュー) 때문인데요, 한껏 멋을 낸 구불구불한 필체와 생소한 한자들, 생전 처음 들어보는 생선(魚) 이름까지….

　터치 스크린 메뉴가 많아진 지금은 예전보다 주문이 편해졌지만 그래도 아직 조금 긴장이 되곤 한답니다.

주문한 음식을 기다리며 수다를 떨고 있는데 옆 테이블(テーブル)에서 왁자지껄한 대화 소리가 들려왔습니다.

"이번에 부장님이…."

"내년 보너스가…."

하루 일과를 마친 직장인들이 맥주(ビール) 한잔과 함께 하루의 스트레스를 풀고 있었어요. 사실 이자카야는 회식(飲み会) 장소 1순위인 곳이라 저녁 시간대엔 정장을 입은 직장인들로 가득해요.

그들의 이야기를 안주 삼아 듣고 있으니 아니나 다를까 스멀스멀 담배(たばこ) 연기가 올라오기 시작했습니다. 한국에서는 흡연(喫煙)이 가능한 음식점은 거의 찾아볼 수 없지만, 일본은 흡연 음식점이 많고 특히 대부분의 이자카야는 흡연이 가능해 매번 코를 틀어막는 것도 고역이랍니다.

이 얘기 저 얘기 하다 보니 어느덧 11시.

한 사람당 3천 엔 남짓한 금액으로 배불리 먹은 뒤 더 늦어지기 전에 자리를 털고 일어났습니다. 술기운에 얼굴이 발갛게 달아오른 사람들로 조금은 정신 없었지만, 일본 소시민들의 생생한 술 문화를 느껴 볼 수 있어서 좋았습니다.

だいすきだ 아주 좋아하다
다 이 스 끼 다

にぎやかだ 활기차다, 떠들썩하다
니 기 야 까 다

しあわせだ 행복하다
시 아 와 세 다

한눈에 보는 핵심 포인트

だいすきだ
다 이 스 끼 다

だいすきです
다 이 스 끼 데 스

だいすきじゃ ない
다 이 스 끼 쟈 나 이

だいすきじゃ ないです
다 이 스 끼 쟈 나 이 데 스

だいすきだった
다 이 스 끼 닷 따

だいすきでした
다 이 스 끼 데 시 따

だいすきじゃ なかった
다 이 스 끼 쟈 나 깟 따

だいすきじゃ なかったです
다 이 스 끼 쟈 나 깟 따 데 스

051 **もう、いやだ！** 이젠 싫어!
모 - 이 야 다

사물의 성질이나 상태를 나타낼 때 쓰는 말을 형용사라고 하죠? 일본어에는 두 가지 형용사가 있어요. な형용사와 い형용사인데, な형용사는 '형용동사'라는 이름으로도 불려요. な형용사는 명사와 비슷한 점이 많아 공부하기 쉬우니 이 책에서는 な형용사부터 살펴보기로 할게요. な형용사는 위의 いやだ를 예로 들어 보면, いや + だ 형태로, 친한 사람에게 な형용사로 자신의 기분을 나타내려면 だ 형태나 だ를 뺀 형태로 말하면 돼요.

052 **あ〜、しあわせだな〜。** 아~, 행복하구나.
아 - 시아와세다나

053 **ごきぶりは だいきらいだ。** 바퀴벌레는 너무 싫어.
고 끼 부 리 와 다 이 끼 라 이 다

054 **あたし、あなたの こと だいすき。** 나, 너를 아주 좋아해.
아 따 시 아나따노 코 또 다 이 스 끼

055 **だいじょうぶ？** 괜찮아?
다 이 죠 - 부

단어 Pick ▶ もう 이제, 이미 | いやだ(嫌だ) 싫다 | しあわせだ(幸せだ) 행복하다 | 〜な 〜구나〈감동·영탄을 나타냄〉 | ごきぶり 바퀴벌레 | だいきらいだ(大嫌いだ) 너무 싫다 | あたし 나〈여성어〉 | あなた 당신, 너 | こと 일〈어떤 대상을 중심으로 하여〉 그 일에 관한 일체의 상태〉 | だいすきだ(大好きだ) 아주 좋아하다 | だいじょうぶだ(大丈夫だ) 괜찮다, 걱정 없다

표현 Pick

◦ **だ** な형용사는 だ가 붙은 형태나 だ가 없는 형태로 '〜하다, 〜해'라는 뜻을 나타내요. な형용사는 명사와 유사한 점이 많아 일본어 학자들 사이에서도 의견이 분분한 존재이기도 하죠. 한 가지 좋은 점은 명사와 활용이 거의 같다는 거예요. 이 책에서는 명사와의 구분을 위해 だ 형태로 제시했지만 사전에는 だ가 없는 형태로 실려 있어요. 왜냐하면 な형용사는 끝 글자 だ를 떼면 명사가 되기 때문이에요.

◦ **いやだ / きらいだ** 두 단어 모두 우리말로 옮기면 '싫다'인데, いやだ(嫌だ)는 거부와 부정, きらいだ(嫌いだ)는 すきだ(好きだ: 좋아하다)의 반대말로 비호감을 나타낼 때 써요.

◦ **あなたの ことが だいすき** 특이하게 すきだ 앞에는 반드시 조사 が를 써야 해요. '〜을, 〜를'에 해당하는 조사 を가 있지만 すきだ는 꼭 が를 써야 합니다.

헤 이 끼 데 스
056 へいきです。 아무렇지 않아요.

지금 내 기분이나 상태를 '~합니다, ~해요'라고 공손하게 말하고 싶을 때에는 끝 글자 だ를 です로 바꿔 말하면 돼요.

아 시 따 와 히 마 데 스
057 あしたは ひまです。 내일은 한가해요.

카 레 와 료 - 리 가 토 꾸 이 데 스
058 かれは りょうりが とくいです。 그는 요리를 잘해요.

우 찌 노 마 고 와 소 - 조 - 료 꾸 가 토 떼 모 유 따 까
059 うちの まごは そうぞうりょくが とても ゆたか

데 스
です。 우리 손자는 상상력이 정말 풍부해요.

코 - 히 - 또 오 쨔 또 돗 찌 가 스 끼 데 스 까
060 コーヒーと おちゃと どっちが すきですか。

커피랑 차 중에서 어느 것을 좋아해요?

단어 Pick へいきだ(平気だ) 개의치 않다, 걱정 없다, 태연하다 | あした(明日) 내일 | ひまだ(暇だ) 한가하다 | りょう
り(料理) 요리 | とくいだ(得意だ) 자신 있다, 잘하다 | うち 우리 | まご(孫) 손자 | そうぞうりょく(想像力)
상상력 | とても 매우, 몹시 | ゆたかだ(豊かだ) 풍부하다 | コーヒー(coffee) 커피 | ～と ~와,~과 | おちゃ
(茶) 차 | すきだ(好きだ) 좋아하다

표현 Pick

○ です な 형용사의 기본형인 だ를 です로 바꾸면 '~합니다, ~해요'라는 뜻을 나타내요.

○ ～と ～と どっちが～ 두 개의 선택지를 비교해서 질문할 때 쓰는 표현으로, '~와 ~
중 어느 쪽이~'라는 뜻이에요. 대답은 보통 (コーヒー)の ほうが すき((커피) 쪽이 좋아)라
는 형태로 대답합니다.

○ こそあど ❸ ～っち보다 ～ちら가 더 공손한 느낌을 줘요.

이쪽, 이 방향	그쪽, 그 방향	저쪽, 저 방향	어느 쪽, 어느 방향
こちら＝こっち	そちら＝そっち	あちら＝あっち	どちら＝どっち

061 **この アプリは べんりじゃ ない。**
코노 아푸리와 벤리쟈 나이

이 앱은 편리하지 않아.

끝 글자 だ를 じゃ ない로 바꿔 말하면 '~하지 않다, ~하지 않아'라는 부정 표현이 돼요.

062 **プレゼンは とくいじゃ ないんだ。** 프레젠테이션은 잘하지 못해.
푸레젱와 토꾸이쟈 나인다

063 **これだけじゃ じゅうぶんじゃ ない。** 이것만으로는 충분하지 않아.
코레다께쟈 쥬ー분쟈 나이

064 **きらいじゃ ないけど すきでも ない。** 싫지 않지만 좋아하지도 않아.
키라이쟈 나이께도 스끼데모 나이

065 **ぜんぶ おなじじゃ ない？** 전부 똑같지 않아?
젬부 오나지쟈 나이

단어 Pick ▶ アプリ(app) 앱〈アプリケーション의 준말〉 | べんりだ(便利だ) 편리하다 | プレゼン 프레젠테이션(PT)
〈プレゼンテーション의 준말〉 | ～だけ ~뿐, ~만 | じゅうぶんだ(十分だ) 충분하다 | きらいだ(嫌いだ) 싫다 |
～けど ~지만 | ぜんぶ(全部) 전부 | おなじだ(同じだ) 같다, 동일하다

표현 Pick

∘ こそあど ❹

この+명사 이~	その+명사 그~	あの+명사 저~	どの+명사 어느~

∘ じゃ ない '~하지 않다, ~하지 않아'라는 뜻으로, 끝 글자 だ가 じゃ ない로 변하면 부정
표현이 돼요. じゃ ない는 주로 회화에서 많이 써요.

멘 세 쯔 와 　 칸 　 딴 　 쟈 　 나 이 데 스
066 **めんせつは かんたんじゃ ないです。**

면접은 간단하지 않아요.

끝 글자 だ를 じゃ ないです로 바꿔 말하면 '~하지 않습니다, ~하지 않아요'라는 공손한 부정 표현이 돼요.

지 쯔 와 　 소 레 호 도 　 유 - 메 - 쟈 　 나 이 데 스
067 **じつは それほど ゆうめいじゃ ないです。**

실은 그렇게 유명하지 않아요.

카 노 　 죠 　와 　 아 마 리 　 신 세 쯔 쟈 　 나 이 데 스
068 **かのじょは あまり しんせつじゃ ないです。**

그녀는 그다지 친절하지 않아요.

소 노 　 죠 - 호 - 와 　 마 다 　 타 시 까 쟈 　 나 이 데 스
069 **その じょうほうは まだ たしかじゃ ないです。**

그 정보는 아직 확실하지 않아요.

이 시 하 라 산 노 　 에 가 오 　　 스 떼 끼 쟈 　 나 이 데 스 까
070 **いしはらさんの えがお、 すてきじゃ ないですか。**

이시하라 씨(의) 웃는 얼굴, 멋지지 않아요?

단어 Pick ▶ めんせつ(面接) 면접 ｜ かんたんだ(簡単だ) 간단하다 ｜ じつは(実は) 실은, 사실은 ｜ それほど 그렇게,
그다지 ｜ ゆうめいだ(有名だ) 유명하다 ｜ あまり 그다지, 별로 ｜ しんせつだ(親切だ) 친절하다 ｜ じょうほう
(情報) 정보 ｜ まだ 아직 ｜ たしかだ(確かだ) 확실하다 ｜ えがお(笑顔) 웃는 얼굴 ｜ すてきだ(素敵だ) 멋지다

표현 Pick

○ **じゃ ないです** '~하지 않습니다, ~하지 않아요'라는 뜻으로, 끝 글자 だ가 じゃ
ないです로 변해 공손한 부정 표현을 만들었어요. じゃ ないです → では ないです →
じゃ ありません → では ありません 순으로 더 격식 차린 느낌을 줍니다. 명사에서 공부
한 기억, 나시죠?

락 키 - 닷 따
071 **ラッキーだった。** 운이 좋았어.

친구에게 '~했다, ~했어'라고 반말로 말하고 싶을 때에는 끝 글자 だ를 だった로 바꿔 말하면 돼요. 영어의 형용사가 일본어에서 な형용사로 쓰이는 경우가 간혹 있답니다.

켁 까와 잔 넨 닷 따
072 **けっかは ざんねんだった。** 결과는 아쉬웠어.

와 따시와 니 홍 고가 헤 따 닷 따
073 **わたしは にほんごが へただった。** 나는 일본어가 서툴렀어.

카 레가 이찌 방 카 와 이 소- 닷 따
074 **かれが いちばん かわいそうだった。** 그가 제일 불쌍했어.

후 따 리 또모 겡 끼 닷 따
075 **ふたりとも げんきだった？** 두 사람 모두 잘 지냈어?

단어 Pick ラッキーだ 운이 좋다, 행운이다 | けっか(結果) 결과 | ざんねんだ(残念だ) 유감스럽다, 아쉽다 | にほんご(日本語) 일본어 | へただ(下手だ) 서투르다, 잘못하다 | いちばん 가장, 제일 | かわいそうだ 불쌍하다, 가엾다 | ふたり(二人) 두사람 | ~とも (명사 뒤에 붙어)~모두 | げんきだ(元気だ) 건강하다, 활기차다

표현 Pick

○ だった '~했다, ~했어'라는 뜻으로, な형용사의 끝 글자 だ가 だった로 변해 반말 과거를 나타내요. 명사 활용과 똑같죠!

○ 사람 수 세기

한 명	두 명	세 명	네 명	다섯 명
ひとり (一人)	ふたり (二人)	さんにん (三人)	よにん (四人)	ごにん (五人)
여섯 명	일곱 명	여덟 명	아홉 명	열 명
ろくにん (六人)	しちにん・ ななにん (七人)	はちにん (八人)	きゅうにん(九 人)	じゅうにん(十 人)

카 레 와　카 께 히 끼 가　　죠 - 즈 데 시 따
076 **かれは かけひきが じょうずでした。**

그는 밀당이 능숙했어요.

끝 글자 だ를 でした라고 바꿔 말하면 '~했습니다, ~했어요'라는 공손한 과거 표현이 돼요.

줏 　또　마 에 까 라　스 끼 데 시 따
077 **ずっと まえから すきでした。** 훨씬 전부터 좋아했어요.

마 이 니 찌　장 교 - 데　타 이 헨　데 시 따
078 **まいにち ざんぎょうで たいへんでした。**

매일 야근으로 힘들었어요.

코 도 모 노　코 로 와　　낫 또 - 가　니 가 떼 데 시 따
079 **こどもの ころは なっとうが にがてでした。**

어렸을 때는 낫토를 못 먹었어요.

요 조 라 와　키 레 - 데 시 따 까
080 **よぞらは きれいでしたか。** 밤하늘은 예뻤어요?

단어 Pick ▶ かけひき(駆け引き) 흥정 | じょうずだ(上手だ) 능숙하다, 잘하다 | ずっと 훨씬 | まえ(前) 전 | ～から (장소・시간・범위) ~부터 | まいにち(毎日) 매일 | ざんぎょう(残業) 시간 외 근무 | たいへんだ(大変だ) 큰일이다, 힘들다 | ～ころ ~때, ~쯤, ~무렵 | なっとう(納豆) 낫토 | にがてだ(苦手だ) 잘하지 못하다, 서투르다, 다루기 어려운 상대다 | よぞら(夜空) 밤하늘 | きれいだ 예쁘다

표현 Pick

○ **でした** '~했습니다, ~했어요'라는 뜻으로 공손한 과거를 나타내요. 명사 활용과 똑같아요!

○ **ざんぎょう** '정해진 근무 시간 외에 하는 노동'으로 우리는 대개 '야근'이라고 하지만, 일본어에서의 야근은 やきん(夜勤)으로, 말 그대로 '밤에 하는 근무'를 뜻해요.

○ **とくいだ/じょうずだ** 두 단어 모두 우리말로 옮기면 '잘하다'예요. とくいだ(得意だ) 는 자신의 실력뿐만 아니라 남의 실력을 칭찬할 때도 쓸 수 있는데, じょうずだ(上手だ)는 남을 칭찬할 때에만 써요. とくいだ의 반대말은 にがてだ(苦手だ)이고, じょうずだ의 반대말은 へただ(下手だ)인데, 재미있게도 にがてだ와 へただ는 자신과 남 모두에게 써도 돼요. 단, にがてだ는 '싫어하다'라는 뉘앙스가, へただ는 '기량이 뛰어나지 못하다'라는 뉘앙스가 있어요. 그리고 한 가지 유의할 점은 이들 な형용사는 앞에 조사 が를 쓴다는 점이에요.

081 **しゅうかつは らくじゃ なかった。**
슈 − 까 쯔 와 라 꾸 쟈 나 깟 따
취업 준비는 쉽지 않았어.

끝 글자 だ를 じゃ なかった로 바꿔 말하면 '~하지 않았다, ~하지 않았어'라고 과거를 부정해서 말할 수 있어요.

082 **メークは はでじゃ なかった。**
메 − 쿠 와 하 데 쟈 나 깟 따
화장은 화려하지 않았어.

083 **としょかんは しずかじゃ なかった。**
토 쇼 깡 와 시 즈 까 쟈 나 깟 따
도서관은 조용하지 않았어.

084 **この スニーカーは じょうぶじゃ なかった。**
코 노 스 니 − 카 − 와 죠 − 부 쟈 나 깟 따
이 운동화는 튼튼하지 않았어.

085 **デパートは そんなに にぎやかじゃ なかった。**
데 파 − 토 와 손 나 니 니 기 야 까 쟈 나 깟 따
백화점은 그렇게 붐비지 않았어.

단어 Pick しゅうかつ(就活) 취업 준비 | らくだ(楽だ) 편안하다, 쉽다 | メーク 화장, 메이크업〈メークアップ의 준말〉 | はでだ(派手だ) 화려하다 | としょかん(図書館) 도서관 | しずかだ(静かだ) 조용하다 | スニーカー (sneakers) 운동화, 스니커즈 | じょうぶだ(丈夫だ) 튼튼하다 | デパート 백화점〈デパートメント ストア의 준말〉 | にぎやかだ(賑やかだ) 북적이다, 변화하다

표현 Pick

◦ しゅうかつ しゅうしょくかつどう(就職活動 : 취직 활동)의 준말로, 일본에서는 봄부터 검정 계열의 정장을 단정하게 입고 면접을 보러 다니는 졸업반 학생들을 자주 볼 수 있어요. 내부 적으로 취직이 결정된 것을 ないてい(内定 : 내정)라고 합니다.

◦ じゃ なかった '~하지 않았다, ~하지 않았어'라는 뜻으로, 끝 글자 だ가 じゃ なかった 로 변해 과거부정 표현을 만들어요.

Episode 08 019 | 과거부정의 존댓말

소 노 케- 껭 와 무 다 쟈 나 깟 따데 스
086 その けいけんは むだじゃ なかったです。
그 경험은 헛되지 않았어요.

'~하지 않았습니다, ~하지 않았어요'라고 공손하게 과거부정 표현을 말하고 싶을 때에는 끝 글자 だ를 じゃ なかったで
す로 바꿔 말하세요.

코 - 쯔- 와 후 벤 쟈 나 깟 따데 스
087 こうつうは ふべんじゃ なかったです。
교통은 불편하지 않았어요.

카 레 노 후 꾸 소- 와 지 미 쟈 나 깟 따데 스
088 かれの ふくそうは じみじゃ なかったです。
그의 옷차림은 수수하지 않았어요.

사 까 나 와 암 마 리 신 센 쟈 나 깟 따데 스
089 さかなは あんまり しんせんじゃ なかったです。
생선은 별로 신선하지 않았어요.

코 도 모 노 코 로 와 가 마 마 쟈 나 깟 딴 데 스 까
090 こどもの ころ、わがままじゃ なかったんですか。
어릴 때 제멋대로이지 않았어요?

단어 Pick ▶ けいけん(経験) 경험 | むだだ(無駄だ) 보람 없다, 헛되다 | こうつう(交通) 교통 | ふべんだ(不便だ)
불편하다 | ふくそう(服装) 복장, 옷차림 | じみだ(地味だ) 수수하다 | さかな(魚) 생선 | あんまり 그다지, 별로
〈あまり의 힘줌말〉 | しんせんだ(新鮮だ) 신선하다 | わがままだ 제멋대로이다, 버릇없다

표현 Pick

○ **じゃ なかったです** '~하지 않았습니다, ~하지 않았어요'라는 뜻으로, 끝 글자 だ가 じ
ゃ なかったです로 변해 공손한 과거부정 표현이 되었어요. じゃ なかったです→では
なかったです→じゃ ありませんでした→では ありませんでした 순으로 더 격식 차린
느낌을 줍니다.

메 쨔 꾸 쨔　헨 나　사이토데스
091 **めちゃくちゃ へんな サイトです。**

엄청 이상한 사이트예요.

> な형용사가 뒤에 오는 명사를 꾸밀 때에는 끝 글자 だ가 な로 바뀌어요. 우리말로 '~한'이라는 뜻이 돼요.

카 레 와　로 만　칙 쿠나　히 또 데 스
092 **かれは ロマンチックな ひとです。** 그는 로맨틱한 사람이에요.

아 레 와　후 시 기 나　타 이 껜 데 시 따
093 **あれは ふしぎな たいけんでした。** 그건 신기한 체험이었어요.

코 레 와　이 찌 방　타 이 세 쯔 나　모 노 데 스
094 **これは いちばん たいせつな ものです。**

이건 가장 소중한 거예요.

구 따 이 떼 끼 나　호 - 호 - 와　난 데 스 까
095 **ぐたいてきな ほうほうは なんですか。**

구체적인 방법은 뭐예요?

단어 Pick めちゃくちゃ 엄청, 아주, 매우 | へんだ(変だ) 이상하다 | サイト(site) 사이트 | ロマンチック(romantic)だ
로맨틱하다, 낭만적이다 | ひと(人) 사람 | ふしぎだ(不思議だ) 신기하다 | たいけん(体験) 체험 | たいせつだ(大
切だ) 소중하다, 중요하다 | もの(物) 것, 물건 | ぐたいてきだ(具体的だ) 구체적이다 | ほうほう(方法) 방법

표현 Pick

∘ **めちゃくちゃ** 원래는 めちゃくちゃだ로 '당치않다, 터무니없다, 엉망이다'라는 뜻을 갖
고 있는데, 요즘은 부사적으로 정도가 심한 것을 나타낼 때 많이 써요. 줄여서 めちゃ라고도
해요.

∘ **へんな** な형용사가 뒤에 오는 명사를 꾸밀 때에는 끝 글자 だ가 な로 변합니다. 이때의
な는 우리말로 '~한'이라는 뜻이 돼요. 이 특징 때문에 'な형용사'라는 이름이 붙었어요.

テ ー 끼 껭 와 벤 리 데 오 또 꾸 데 스
096 ていきけんは べんりで おとくです。

정기권은 편리하고 이득이에요.

> な형용사로 끝나는 여러 문장을 연결하여 하나의 문장으로 만들고 싶을 때에는 끝 글자 だ를 で로 바꿔 말하면 돼요.
> '~하고, ~해서'라는 뜻이에요.

카 레 와 테 - 네 - 데 신 세 쯔 데 스
097 かれは ていねいで しんせつです。 그는 공손하고 친절해요.

유 니 - 쿠 데 심 푸 루 나 데 자 인 데 스 네
098 ユニークで シンプルな デザインですね。

독특하고 심플한 디자인이네요.

카 노 죠 와 스 나 오 데 솟 쵸 꾸 나 죠 세 - 데 스
099 かのじょは すなおで そっちょくな じょせいです。

그녀는 순수하고 솔직한 여성이에요.

혼 또 니 마 지 메 데 스 떼 끼 나 야 뀨 - 센 슈 데 시 따
100 ほんとに まじめで すてきな やきゅうせんしゅでした。

진짜 성실하고 멋진 야구 선수였어요.

단어 Pick ▶ ていきけん(定期券) 정기권 │ とくだ(得だ) 이익이다, 이득이다 │ ていねいだ(丁寧だ) 정중하다, 공손하다 │ ユニーク(unique)だ 독특하다, 특이하다 │ シンプル(simple)だ 심플하다 │ デザイン(design) 디자인 │ すなおだ(素直だ) 순수하다 │ そっちょくだ(率直だ) 솔직하다 │ じょせい(女性) 여성 │ ほんとに 정말로〈ほんとうに(本当に)의 회화체 표현〉 │ まじめだ(真面目だ) 진지하다, 착실하다, 성실하다 │ やきゅうせんしゅ(野球選手) 야구 선수

표현 Pick

○ **ていきけん** ていきじょうしゃけん(定期乗車券 : 정기승차권)의 준말이에요. 교통비 비싸기로 유명한 일본! 일정 기간 동안 일정 구간을 횟수에 상관 없이 이용할 수 있는 승차권으로, 직장인과 학생들이 많이 사용해요. 줄여서 **ていき**(定期)라고도 해요.

○ **ていねいで** な형용사로 끝나는 여러 문장을 연결할 때에는 だ가 で로 변해요. 뜻은 우리말의 '~하고, ~해서'에 해당해요.

보이는 실전 일본어

❀ 유이가 콘서트에 다녀온 선배 료를 만났어요. 🎧022

유이
콘 사-토 와 도-데시따 까
コンサートは どうでしたか。
콘서트는 　　　　　 어땠어요?

료
사이꼬-닷 따요 　 우따모 랍 푸모
さいこうだったよ。うたも ラップも
최고였어. 　　　　　　　　 노래도 　 랩도

죠-즈 닷 따요
じょうずだったよ。
잘했어.

마- 단 스와 다메 닷 따 께도
まあ、ダンスは だめだったけど。
뭐 　 댄스는 　　　　 엉망이었지만.

유이
에-
ええ。
네.

료
부 따이모 스떼끼데 　 코-쯔-모
ぶたいも すてきで、こうつうも
무대도 　 멋지고 　　　　 교통도

벤 리데 카노죠모 혼 또니
べんりで、かのじょも ほんとに
편리하고 　　그녀도 　　 정말로

키 레- 닷 따요
きれいだったよ。
예뻤어.

유이
카 노 죠 유-메-나 카 슈 데스 까
かのじょ ゆうめいな かしゅですか。
그녀는 　　　 유명한 　　　 가수예요?

료
이야 암 마리 유-메-쟈 나이요
いや、あんまり ゆうめいじゃ ないよ。
아니, 　별로 　　유명하지 않아.

데모 카노죠 혼 또니
でも かのじょ ほんとに
하지만 　그녀 　　 정말로

키 레- 닷 따나-
きれいだったなあ。
예뻤어.

단어 Pick

◦ コンサート(concert) 콘서트
◦ さいこうだ(最高だ) 최고다
◦ ラップ(rap) 랩
◦ ～も ~도
◦ うた(歌) 노래
◦ ～よ 가벼운 감동을 나타냄
◦ ダンス(dance) 댄스, 춤
◦ だめだ 소용없다, 구제불능이다
◦ ～けど ~지만
◦ ええ 네〈はい(예)보다 격의 없는 느낌〉
◦ ぶだい(舞台) 무대
◦ こうつう(交通) 교통
◦ かしゅ(歌手) 가수
◦ いや 아니
◦ でも 하지만
◦ ～なあ ~지, ~구나〈자기의 판단을 스스로 확인하는 마음을 나타냄〉

1 주어진 단어를 문장에 맞게 바꿔 보세요.

❶ こうつうは _____ じゃ なかったです. ふべんだ

교통은 불편하지 않았어요.

❷ まじめで _____ せんしゅです. すてきだ

성실하고 멋진 선수예요.

❸ この スニーカーは _____. じょうぶだ

이 운동화는 튼튼하지 않았어.

2 우리말을 보고 다음 표현들을 연결해서 문장을 완성해 보세요.

❶ すきだ あまり じゃ ないです   그다지 좋아하지 않아요.

_____

❷ ひと ロマンチックだ です かれ は   그는 낭만적인 사람이에요.

_____

❸ アプリ は べんり この じゃ なかった   이 어플은 편리하지 않아.

_____

정답 1.① ふべん
2.① あまり すきじゃ ないです.
　　② すてきな
② かれは ロマンチックな ひとです.
　　③ じょうぶじゃ なかった
③ この アプリは べんりじゃ なかった.

보이는 일본, 일본문화

마루짱의 블로그
생생한 일본 현지 이야기

프로필 ▶ 쪽지 ▶

| 이웃 |

---

category ∧

－ 전체보기

└ 일본 여행

└ 일본 생활

└ 일본정보

---

tags   최근 | 인기

일본, 여행, 일본 편의점,
도시락, 일본 디저트, 쇼핑,
일본문화

일본 최대의 재래시장,

우에노(上野^{うえの}) 아메요코(アメ横^{よこ})

시장

아메요코(アメ横^{よこ}) 시장은 도쿄(東京^{とうきょう})에 남아 있는 유일한 재래시장입니다.

조용하고(静^{しず}かで) 차분한(もの静^{しず}かな) 일본의 이미지와는 다르게 호객 행위
와 흥정 소리로 항상 떠들썩한(賑^{にぎ}やかな) 이곳은 잡화점, 옷 가게, 식당을 포함
해 수백 개의 점포가 몰려 있어 주말은 물론 평일에도 발 디딜 틈이 없답니다.

남대문 시장과 비슷한 서민적인(庶民的^{しょみんてき}な) 분위기의 이곳은 거리마다 각종
먹거리를 저렴하게 판매하고 있어 관광객은 물론 일본인들도 많이 찾곤 하는데,
가장 인상적인(印象的^{いんしょうてき}な) 것은 가격을 흥정하는 상인들이에요. 박스 위에 올라
가 확성기를 들고 "지금 사면 하나 공짜!"라며 손님을 끌어모으는 모습을 보고
있으면 과연 여기가 내가 아는 일본이 맞나 싶기도 합니다.

　사람들 틈을 비집고 골목 안으로 들어가면 식당이 죽 늘어서 있는데, 일본 요리는 물론 우리나라 요리, 태국 요리, 터키 요리도 맛볼 수 있고, 생전 처음 보는 특이한 음식을 파는 가게도 있어 색다른 경험을 할 수 있습니다.

　게다가 이곳의 음식점들은 모두 도쿄의 평균 물가보다 가격이 저렴한 편이라 밤이 되면 테라스에 앉아 동료들과 술 한잔하는 직장인들도 많이 볼 수 있어요. 관광지이지만 일본인들의 생생한 생활도 엿볼 수 있으니까 특히 일본에 관심이 많은 분들께 추천해 드려요.

　색다른 경험을 하고 싶다면 인간미와 온정이 넘치는 아메요코(アメ横) 시장에 가 보세요~!

すごい 대단하다

아오 이
青い 파랗다

키 이로 이
黄色い 노랗다

나가 이
長い 길다

타노 시
楽しい 즐겁다

한눈에 보는 핵심 포인트

스 고 이
すごい

스 고 이데 스
すごいです

스 고 꾸   나 이
すごく ない

스 고 꾸   나 이데 스
すごく ないです

스 고   깟 따
すごかった

스 고 깟 따데 스
すごかったです

스 고 꾸   나 깟 따
すごく なかった

스 고 꾸   나 깟 따데 스
すごく なかったです

스 고 이
101 **すごい！** 대단해!

い형용사는 기본형의 끝 글자가 い라서 'い형용사'라는 이름이 붙었어요. 앞에서 공부한 な형용사와 같이 사물의 성질이나 상태를 나타낼 때 써요.

코 레 카와이 - 네
102 **これ かわいいね！** 이거 귀엽네!

아 - 키 모 찌 이 -
103 **あ～、気持ち いい！** 아~, 기분 좋아!

호 라 아부나이 아부나 이
104 **ほら、危ない、危ない！** 이봐, 위험해, 위험해!

코 레 촛 또 오까시 - 요
105 **これ ちょっと おかしいよ。** 이거 좀 이상해.

단어 Pick すごい 대단하다, 굉장하다 | かわいい 귀엽다 | ～ね ~네, ~군 | 気持(きも)ち 기분 | いい 좋다 | ほら 이봐, 자〈주위를 환기시킬 때 내는 소리〉 | 危(あぶ)ない 위험하다 | ちょっと 조금, 좀 | おかしい 우습다, 이상하다, 비정상적이다

표현 Pick

○ **い형용사** い형용사는 끝 글자가 모두 い로 끝나요. い의 형태로 '~이다'라는 뜻을 나타내요. 기본형 그대로 서술어로 쓰면 반말이 되는 거죠.

○ **かわいい** 사전에 주로 '귀엽다, 사랑스럽다'라는 뜻으로 실려 있어 우리는 정말 귀여운 것에만 かわいい를 써야 되는 줄 알지만 일본에서는 예쁜 것에도 かわいい를 써요. 예쁜 옷도 かわいい, 인테리어가 멋진 가게도 かわいい!

○ **일본의 한자 표기** 일본의 한자는 소위 약자 표기로 우리의 한자보다 간단해요. 한자에 따라서는 점이나 삐침 하나가 없는 등 아주 사소한 부분이 달라 무심히 넘기면 틀릴 수도 있으니 유의하세요.

우리 한자	일본 한자
氣	気
者	者

쿄- 와 무 시 아쯔이 데 스 네
106 **今日は 蒸し暑いですね。** 오늘은 무덥네요.

い형용사를 '~합니다, ~해요'라고 공손하게 말하고 싶을 때에는 기본형 뒤에 です를 붙이면 돼요. 명사, な형용사, い형용사 모두 공손한 표현은 です로 통일이에요.

이찌 지 깡 와 미지까이 데 스
107 **1時間は 短いです。** 한 시간은 짧아요.

카 제 데 노도가 이따이 데 스
108 **風邪で 喉が 痛いです。** 감기로 목이 아파요.

레-조-꼬노 오또가 우루사이 데 스
109 **冷蔵庫の 音が うるさいです。** 냉장고 소리가 시끄러워요.

카레 와 이 쯔 모 이소가시 인 데 스 까
110 **彼は いつも 忙しいんですか。** 그는 늘 바쁜가요?

단어 Pick ▶ 蒸(む)し暑(あつ)い 무덥다 | ～時間(じかん) ~시간 | 短(みじか)い 짧다 | 風邪(かぜ) 감기 | ～で ~로, ~때문에 | 喉(のど) 목 | 痛(いた)い 아프다 | 冷蔵庫(れいぞうこ) 냉장고 | 音(おと) 소리 | うるさい 시끄럽다 | いつも 늘, 항상 | 忙(いそが)しい 바쁘다

표현 Pick

○ いです い형용사의 기본형인 い 뒤에 바로 です를 붙이면 '~합니다, ~해요'라는 뜻의 공손한 표현이 돼요.

○ ね 문장 중간이나 끝에 쓰여 가벼운 감동을 나타내거나, 상대방에게 동의 또는 자신의 생각 등을 가볍게 주장하는 뜻을 나타내요. ねえ라고 길게 말할 때도 있어요.

○ **신체 표현**

頭(あたま) 머리	顔(かお) 얼굴
目(め) 눈	鼻(はな) 코
口(くち) 입	耳(みみ) 귀
手(て) 손	足(あし) 발

샤 싱 우쯔 리 가   요 꾸   나 이
111 **写真写りが よく ない。** 사진발이 좋지 않아.

지금부터는 본격적인 어미 활용을 공부할 거예요. い형용사의 부정 표현인 '~지 않다, ~지 않아'는 끝 글자 い를 く로 바꾸고 ない를 붙여야 해요. 통째로 く ない라고 외우세요.

헤 야 와   손   나 니 세마꾸   나 이
112 **部屋は そんなに 狭く ない。** 방은 그렇게 좁지 않아.

쿄- 와   카제 모   아메 모   츠요꾸   나 이
113 **今日は 風も 雨も 強く ない。** 오늘은 바람도 비도 세지 않아.

코 노   후 똥 와   암 마 리   아따따 까 꾸   나 이
114 **この 布団は あんまり 暖かく ない。** 이 이불은 별로 따뜻하지 않아.

코 노   토- 가라 시   혼 또- 니 카라꾸   나 이
115 **この 唐辛子、本当に 辛く ない？** 이 고추, 진짜 맵지 않아?

단어 Pick 写真写り(しゃしんうつり) 사진발 | 部屋(へや) 방 | そんなに 그렇게 | 狭(せま)い 좁다 | 風(かぜ) 바람 | 強(つよ)い 강하다, 세다 | 布団(ふとん) 이불 | 暖(あたた)かい 따뜻하다 | 唐辛子(とうがらし) 고추 | 本当(ほんとう)に 정말로 | 辛(から)い 맵다

표현 Pick

○ **よく ない** '좋지 않다'라는 뜻으로, 앞에서 공부한 いい(좋다)의 부정형이에요. 모든 い형용사의 부정은 끝 글자인 い만 변하는데, 요 いい만은 앞의 い까지 통째로 변해서 よく가 돼요. いく ない라고 하지 않도록 유의하세요.

○ **く ない** い형용사의 부정 표현으로, '~지 않다, ~지 않아'라는 뜻이에요. 기본형의 끝 글자 い가 く로 바뀌고 거기에 ない가 붙은 형태인데, 그냥 쉽게 끝 글자 い가 く ない로 변한다고 생각하세요. 아니면 끝 글자 い를 떼고 く ない를 붙였다고 기억해도 됩니다.

○ **こそあど❺**

こんな 이런	**そんな** 그런	**あんな** 저런, 그런	**どんな** 어떤, 어떠한

보꾸노　스마호와　후루꾸　나이데스
116 **僕の　スマホは　古く　ないです。**

제 스마트폰은 낡지 않았어요.

い형용사를 '~지 않습니다, ~지 않아요'라고 공손하게 부정하고 싶을 때에는 끝 글자 い를 떼고 く ないです를 붙이면 돼요.

마루꾸　나이데스　시까꾸이데스
117 **丸く　ないです。四角いです。** 둥글지 않아요. 네모져요.

코 노　미세와　오이시꾸　나이데스
118 **この　店は　おいしく　ないです。** 이 가게는 맛있지 않아요.

아 노　쿠니노　북까와　야스꾸　나이데스
119 **あの　国の　物価は　安く　ないです。** 그 나라 물가는 싸지 않아요.

라 지 오 노　온료-　찌-사꾸　나이데스 까
120 **ラジオの　音量、小さく　ないですか。** 라디오 볼륨 작지 않아요?

단어 Pick 古(ふる)い 낡다, 오래되다 | 丸(まる)い 둥글다 | 四角(しかく)い 네모지다 | 店(みせ) 가게, 상점 |
おいしい 맛있다 | 国(くに) 나라 | 物価(ぶっか) 물가 | 安(やす)い 싸다 | ラジオ(radio) 라디오 | 音量(おん
りょう) 음량, 볼륨 | 小(ちい)さい 작다

표현 Pick

○ **く　ないです** '~지 않습니다, ~지 않아요'라는 뜻으로, い형용사의 공손한 부정 표현이에
  요. 끝 글자 い가 く ないです로 변했다고 보면 돼요. 같은 표현으로 く ありません이 있는
  데, く ないです보다 く ありません이 더 격식 차린 느낌을 줍니다.

○ **おいしい** 일본 드라마나 예능 프로에서 'うまい！', 'うめ～'라는 말을 들어 본 적 있으세
  요? 모두 '맛있다'는 뜻이지만 おいしい보다 거친 느낌을 준답니다. 참고로 '맛없다'는 まず
  い라고 해요.

○ **함께 알아두면 좋은 い형용사 ❶**

古(ふる)い 낡다, 오래되다	新(あたら)しい 새롭다
丸(まる)い 둥글다	四角(しかく)い 네모지다
安(やす)い 싸다	高(たか)い 비싸다
小(ちい)さい 작다	大(おお)きい 크다

121 ごめん。 僕が 悪かった。 미안. 내가 잘못했어.
고 멩 보꾸가 와루 깟 따

い형용사는 끝 글자 い가 く로 바뀐다는 걸 겨우 익혔는데, 별안간 かった라니. (ㅠ.ㅠ) 놀란 가슴 진정시키시고 い형용사가 '~었다, ~었어'라는 과거 표현이 되려면 글자 い가 かった로 바뀌는구나 하고 머릿속에 새겨 두세요.

122 空は とても 青かった。 하늘은 정말 파랬어.
소라 와 토 떼 모 아오 깟 따

123 あの ころは みんな 若かったね。 그때는 모두 젊었지.
아 노 코 로 와 민 나 와까 깟 따 네

124 マンションの 周りは すごく 暗かった。
만 숀 노 마와리와 스고꾸 쿠라 깟

(중·고층) 아파트의 주위는 굉장히 어두웠어.

125 今回の テストは 前回より 易しかった。
콩 까이 노 테 스 토 와 젱 까이요리 야사 시 깟 따

이번 시험은 지난번보다 쉬웠어.

단어 Pick ごめん 미안 | 悪(わる)い 나쁘다, 좋지 않다, 잘못하다 | 空(そら) 하늘 | 青(あお)い 파랗다 | みんな 모두 |
若(わか)い 젊다 | マンション(mansion) 맨션, (중·고층) 아파트 | 周(まわ)り 주위, 주변 | すごく 굉장히, 몹시 |
暗(くら)い 어둡다 | 今回(こんかい) 이번 | 前回(ぜんかい) 지난번 | ~より ~보다 | 易(やさ)しい 쉽다

표현 Pick

◦ かった い형용사의 과거형으로, '~었다, ~었어'라는 뜻을 나타내요. 끝 글자 い가 かった로 변한 거죠. 명사와 な형용사의 부정형이 じゃ ない였고, 과거부정형이 じゃ なかった였던 거 기억나시죠? 이때의 ない가 い형용사 활용을 하기 때문이었어요. かった는 3박자로 발음해야 하는 거 잊지 마세요.

◦ マンション 원래 대저택이라는 뜻으로, 우리의 (중·고층) 아파트와 비슷하며 분양을 해요. 일본에서의 アパート(apartment : 아파트)는 우리의 원룸이나 투룸 형태와 비슷하고 주인이 관리하면서 세를 놓는 2~3층의 한 동짜리 건물을 말해요.

Episode **06** 🎧 028 │ **과거의 존댓말**

126
카 레 와 보꾸요 리 아따마 가 요 깟 따데 스
彼は 僕より 頭が よかったです。

그는 저보다 머리가 좋았어요.

반말 과거는 かった(~이었다), 공손한 과거는 かったです(~었습니다, ~였어요)예요. 간혹 명사와 な형용사에서 배운 でした(~이었습니다)를 잊지 못해 かったです가 아닌 でした를 붙여 말하는 경우가 있는데 틀린 표현이니 유의하세요.

127
모또 까 레 와 혼 또니 야사시 깟 따
元かれは ほんとに 優しかったです。 전 남자 친구는 진짜 상냥했어요.

128
이 산 노 이에 와 코-엥 까라 토- 깟 따데스
イさんの 家は 公園から 遠かったです。

이 씨 집은 공원에서 멀었어요.

129
코 레마데 노 진세- 데 이 찌 방 하즈까시 깟 따데스
これまでの 人生で いちばん 恥ずかしかったです。

지금까지의 인생에서 제일 부끄러웠어요.

130
미야자끼 칸 또꾸노 에-가 와 오모시로 깟 따데 스 까
宮崎 監督の 映画は 面白かったですか。

미야자키 감독(의) 영화는 재밌었어요?

단어 Pick ▶ 頭(あたま) 머리 │ 優(やさ)しい 상냥하다 │ 家(いえ) 집 │ 公園(こうえん) 공원 │ 遠(とお)い 멀다 │ こ
れまで 지금까지 │ 人生(じんせい) 인생 │ 恥(は)ずかしい 부끄럽다, 창피하다 │ 監督(かんとく) 감독 │ 映画(え
いが) 영화 │ 面白(おもしろ)い 재미있다

표현 Pick

○ **かったです** い형용사의 공손한 과거 표현으로 '~었습니다, ~었어요'라는 뜻이에요. 끝 글
자 い가 かったです로 변했다고 보면 돼요.

○ **よかったです** '좋았습니다, 좋았어요'라는 뜻이지만 상황에 따라 '잘됐어요, 다행이에
요'라는 뜻으로도 써요. それは よかったですね。라고 하면 문맥에 따라 '그거 다행이네요.',
'그거 잘됐네요.'라고 해석해요. 이 よかったです는 いい(좋다)의 과거형 よかった(좋았다)
의 존댓말인데, いい는 いかった가 아니라 よかった로 통째로 변한다는 거, 꼭 기억하세요.

○ **家** いえ 또는 うち라고 발음해요. 대개 いえ는 '건물'이라는 물리적인 '집'을 표현할 때
써요. 영어의 house 개념이죠. うち는 나의 '가족, 가정, 집'이라는 심리적인 '집', 영어의
family, home의 느낌을 표현할 때 써요. うち라고 읽을 때는 히라가나로 쓰는 경우가 많고,
남의 집을 가리킬 때는 うち라고는 하지 않아요.

131 待ち時間は 長く なかった。 대기 시간은 길지 않았어.
마 찌 지 깡 와 나가꾸 나 깟 따

い형용사의 부정 표현은 く ない(~지 않다), 과거 표현은 かった(~었다)였죠? 이 두 가지를 합한 く なかった(~지 않았다, ~지 않았어)가 바로 과거부정을 나타내는 표현이에요.

132 A社の スマホは 軽く なかった。 A사의 스마트폰은 가볍지 않았어.
에- 샤 노 스 마 호 와 카루꾸 나 깟 따

133 試験は あんまり 難しく なかった。
시 껭 와 암 마 리 무즈까시꾸 나 깟 따

시험은 그다지 어렵지 않았어.

134 あの 選手は 僕より 背が 高く なかった。
아 노 센 슈 와 보꾸요리 세 가 타까꾸 나 깟 따

그 선수는 나보다 키가 크지 않았어.

135 あの カフェの アイスコーヒーは 冷たく なかった。
아 노 카 훼 노 아이스코-히-와 츠메따꾸 나 깟 따

그 카페의 아이스커피는 차갑지 않았어.

단어 Pick ▶ 待(ま)ち時間(じかん) 대기 시간 | 長(なが)い 길다 | ～社(しゃ) ~사 | 軽(かる)い 가볍다 | 試験(しけん) 시험 | 難(むずか)しい 어렵다 | 選手(せんしゅ) 선수 | 背(せ) 키 | 高(たか)い 높다, (키가)크다 | アイスコーヒー(ice coffee) 아이스커피 | 冷(つめ)たい 차갑다, 차다

표현 Pick

○ く なかった '~지 않았다, ~지 않았어'라는 뜻으로, い형용사의 과거부정 표현이에요. 끝 글자 い가 く なかった로 변했다고 보면 돼요.

○ コーヒー コーヒー(coffee: 커피)와 발음이 비슷한 말로 コピー가 있어요. コピー(copy)는 '복사'를 뜻해요. 헷갈리지 않게 유의하세요.

츄-샤죠-와 히로꾸 나 깟 따데스
136 **駐車場は 広く なかったです。** 주차장은 넓지 않았어요.

い형용사를 '~하지 않았습니다, ~하지 않았어요'라고 공손하게 과거부정을 말하고 싶을 때는 끝 글자 い를 떼고 く なかっ
たです를 붙이면 돼요.

치찌 와 키비시꾸 나 깟 따데스
137 **父は 厳しく なかったです。** 아버지는 엄하지 않았어요.

카노죠 와 오 사께 가 요와꾸 나 깟 따데스
138 **彼女は お酒が 弱く なかったです。** 그녀는 술이 약하지 않았어요.

케-키 와 아마리 아마꾸 나 깟 따데스
139 **ケーキは あまり 甘く なかったです。** 케이크는 별로 달지 않았어요.

혹 까이도- 와 사무꾸 나 깟 따데스 까
140 **北海道は 寒く なかったですか。** 홋카이도는 춥지 않았어요?

단어 Pick ▶ 駐車場(ちゅうしゃじょう) 주차장 | 広(ひろ)い 넓다 | 父(ちち) 아버지 | 厳(きび)しい 엄하다 | お酒(さ
け) 술 | 弱(よわ)い 약하다 | ケーキ(cake) 케이크 | 甘(あま)い 달다 | 北海道(ほっかいどう) 홋카이도 | 寒
(さむ)い 춥다

표현 Pick

◦ **く なかったです** '~지 않았습니다, ~지 않았어요'라는 뜻으로, い형용사의 공손한 과거
부정 표현이에요. 끝 글자 い가 く なかったです로 변했다고 보면 돼요. 다만 과거형이라는
것에 사로잡혀서 종종 です가 아니라 でした를 붙이는 실수를 하는 경우가 있으니 유의하세
요. 같은 뜻의 표현으로 く ありませんでした가 있는데, く なかったです보다 격식 차린
느낌을 줍니다.

문화 Pick

◦ **일본의 술자리 매너** 일본 사람들은 상대방이 한 모금만 마시고 잔을 내려놓아도 첨잔을 하
는데, 이것은 일종의 술자리 매너이니 술을 권하는 제스처로 받아들이지 마세요. 또 대개 건
배는 처음에만 하고 술자리 중간중간 잔을 부딪치는 행동은 하지 않아요. 또한 우리나라에서
도 사라지는 추세이기는 하지만 자신의 술잔을 상대방에게 건네고 술을 따르는 행동은 하지
않는 게 좋습니다. 그리고 일본 사람들은 윗사람이라도 두 손으로 술을 따르거나, 고개를 옆
으로 돌리고 마시지 않아요. 우리는 예의를 차리기 위해 습관처럼 하는 행동이지만 처음 보는
일본 사람들은 오히려 어색해해요.

나쯔까시 - 샤신데스 네
141 **懐かしい 写真ですね。** 그리운 사진이네요.

な형용사는 뒤에 오는 명사를 꾸밀 때 끝 글자 だ가 な로 변했는데, い형용사는 변하는 것 없이 기본형 그대로 뒤에 오는 명사를 꾸며 줍니다. 이때에는 '~인, ~한'이라는 뜻이 돼요.

오- 끼 - 하찌와 코 와 이데스
142 **大きい 蜂は こわいです。** 큰 벌은 무서워요.

호 - 리쯔니 쿠와 시 - 히또데 스
143 **法律に 詳しい 人です。** 법에 정통한 사람이에요.

아따라 시 - 노 - 토파소 콩 가 호 시 - 데스
144 **新しい ノートパソコンが ほしいです。**

새 노트북이 갖고 싶어요.

코 레 와 춋 또 야 야 꼬시 - 몬 다이데 스 네
145 **これは ちょっと ややこしい 問題ですね。**

이건 좀 까다로운 문제네요.

단어 Pick 懐(なつ)かしい 그립다 │ 写真(しゃしん) 사진 │ 大(おお)きい 크다 │ 蜂(はち) 벌 │ こわい 무섭다 │
法律(ほうりつ) 법률 │ 詳(くわ)しい 상세하다, 정통하다 │ 新(あたら)しい 새롭다 │ ノートパソコン 노트북 │
ほしい 갖고 싶다 │ ややこしい 복잡해서 알기 어렵다, 까다롭다 │ 問題(もんだい) 문제

표현 Pick

○ **大(おお)きい 蜂(はち)** い형용사가 뒤에 오는 명사를 꾸밀 때에는 い형용사의 활용 형태 그대로 쓰면 돼요. '큰 벌'이라는 뜻이에요.

| おいしい ケーキ 맛있는 케이크 |
| おいしかった ケーキ 맛있었던 케이크 |

○ **ノートパソコン** 우리는 personal computer를 줄여서 PC라고 하지만 일본에서는 파소콘이라고 해요. パソコン은 パーソナル コンピューター(personal computer)의 준말로, 여기에 앞에 ノート(note: 노트)를 붙여서 '노트북'이라고 해요. 일본 사람들은 긴 영어를 줄여 말하는 경향이 있는데 '약속'을 뜻하는 アポイントメント(appointment)는 줄여서 アポ라고 해요.

치 까 꾸 떼　토 - 이　쿠 니 데 스
146 **近くて 遠い 国です。** 가깝고 먼 나라예요.

명사와 な형용사에서 문장을 연결하는 で(~하고, ~해서)와 같은 역할을 하는 것이 い형용사에서는 て예요. 문법적으로는 'て형'이라고 해요. い형용사의 て형은 끝 글자 い를 く로 바꾸고 て를 붙이면 돼요. 즉, 끝 글자 い를 떼고 くて를 붙이면 되는 거죠. '~고, ~어서'라는 뜻이에요.

아쯔 꾸 떼　오모이　혼 데 시 따
147 **厚くて 重い 本でした。** 두껍고 무거운 책이었어요.

카따 꾸 떼　후또이　모꾸자이 가　이 - 데 스
148 **固くて 太い 木材が いいです。** 단단하고 두꺼운 목재가 좋아요.

아까 루 꾸 떼　히로이　헤 야 가　스 끼 데 스
149 **明るくて 広い 部屋が 好きです。** 밝고 넓은 방을 좋아해요.

스즈 시 꾸 떼　키 모 찌　이 -　텡 끼 데 시 따
150 **涼しくて 気持ち いい 天気でした。** 시원하고 기분 좋은 날씨였어요.

단어 Pick 近(ちか)い 가깝다 | 厚(あつ)い 두껍다 | 重(おも)い 무겁다 | 本(ほん) 책 | 固(かた)い 단단하다, 딱딱하다 | 太(ふと)い 굵다 | 木材(もくざい) 목재 | 明(あか)るい 밝다 | 涼(すず)しい 시원하다, 선선하다 | 天気(てんき) 날씨

표현 Pick

◦ くて '~고, ~어서'라는 뜻으로, い형용사로 문장을 연결할 때에는 끝 글자 い를 く로 바꾸고 て를 붙이면 돼요. 이 くて만 있으면 문장을 길게 늘릴 수 있어요. 이것을 い형용사의 'て형'이라고 해요.

◦ **い형용사처럼 보이는 명사**
い형용사의 활용 형태와 모양이 같아 헷갈리기 쉬운 명사를 알아봅시다.

い형용사	명사
近(ちか)い 가깝다	近(ちか)く 가까운 곳, 근처
遠(とお)い 멀다	遠(とお)く 먼 곳
多(おお)い 많다	多(おお)く 많음

✳ 겐토가 후배 소미와 점심을 먹으러 가고 있어요. 🎧033

겐토 ううう、寒い。寒く ない？
ㅇㅇㅇ, 추워. 춥지 않아?

소미 私は 寒く ないです。
저는 춥지 않아요.

先輩は 寒いですか。
선배님은 추워요?

겐토 うん。僕 寒がりなんだ。
응. 나 추위 잘 타거든.

소미 ところで、お店は ここから
그런데 가게는 여기에서

遠いんですか。
멀어요?

겐토 いや、あんまり 遠く ないよ。
아니, 별로 멀지 않아.

소미 その 店の ハンバーグ そんなに
그 가게 햄버그스테이크 그렇게

おいしかったですか。
맛있었어요?

겐토 うん、うちの お母さんの
응, 우리 엄마

ハンバーグより うまかったよ。
햄버그스테이크보다 맛있었어.

소미 あ、あの お店ですか。
아, 저 가게예요?

겐토 うん。安くて おいしい お店だよ。
응. 싸고 맛있는 가게야.

단어 Pick

○ うん 응
○ 寒(さむ)がり 추위를 잘 탐, 또 그런 사람
○ ここ 여기
○ ハンバーグ 햄버그스테이크
  〈ハンバーグステーキ(hamburg steak)의 준말〉
○ うち 우리
○ お母(かあ)さん 어머니
○ うまい 맛있다

표현 Pick

○ 〜んだ

원래 형태는 のだ인데 の가 일상회화에서 발음하기 편리한 ん으로 바뀐 거예요. だ보다 강한 단정을 나타내요. 직역하면 '~인 것이다'라는 뜻인데, 문맥에 따라서 조금 부드럽게 '~야, ~거든'이라고 해석하세요.

1 다음 문장을 우리말로 옮겨 보세요.

❶ 僕の スマホは 古く ないです。

_____

❷ 彼は いつも 忙しいです。

_____

❸ 新しい ノートパソコンが ほしいです。

_____

2 주어진 단어를 문장에 맞게 바꿔 보세요.

❶ 彼女は 僕より 頭が _____ いい

그녀는 저보다 머리가 좋았어요.

❷ _____ 厚い 本です。 重い

무겁고 두꺼운 책이에요.

❸ ケーキは あんまり _____ 甘い

케이크는 별로 달지 않았어요.

정답 1. ① 제 스마트폰은 오래되지 않았어요.

② 그는 늘 바빠요.

③ 새 노트북이 갖고 싶어요.

2. ① よかったです。

② 重くて

③ 甘く なかったです。

보이는 일본, 일본문화

마루짱의 블로그
생생한 일본 현지 이야기

프로필▶ 쪽지▶

| 이웃 |

---

category ∧

- 전체보기
  ∟ 일본 여행
  ∟ 일본 생활
  ∟ 일본정보 ▸

tags　　　최근 | 인기

일본, 여행, 일본 편의점,
도시락, 일본 디저트, 쇼핑,
일본문화

우리에겐 너무 생소한

일본문화

일본 하면 떠오르는 말, 가깝지만 먼 나라.

　이제 우리에게 일본은 너무도 익숙하고 가까운 나라죠.

　하지만 한국에선 상상도 못할 일들이 일본에서는 아주 당연하게 받아들여진다는 사실! 일본에 와서 제가 가장 놀랐던 건 바로 '흡연 문화'입니다.

　한국은 음식점은 물론 주점도 전면 금연(前面禁煙)을 시행하고 있고, 흡연이 가능한 PC방도 흡연 구역과 금연 구역을 철저히 분리한 데 반해, 일본은 흡연 규제가 굉장히 느슨한 편입니다.

　아이들을 데리고 외식을 온 아빠가 식사하면서 담배를 피우는 일은 다반사이며, 이자카야(居酒屋)에 아이를 데리고 온 엄마가 아이 옆에서 태연하게 담

배를 피우기도 합니다.

　패밀리 레스토랑(ファミレス)의 경우 흡연석과 금연석이 나누어져 있기는 하지만, 벽으로 철저히 분리된 게 아니라 단순히 거리를 떨어뜨려 놓은 곳이 많아 금연석에 있어도 담배 연기가⋯. 심지어 호텔도 흡연 가능한 객실이 있고, 렌터카도 흡연 가능한 차량을 빌릴 수 있다고 하니, 신기하죠?

　그리고 제가 놀란 또 하나는 일본의 물가(物価)입니다.

　다들 일본 하면 비싼 물가와 교통비(交通代)를 떠올리곤 하는데, 교통비는 한국보다 많이 비싼 게 사실이지만 전체적인 물가는 체감상 별 차이가 나지 않아요. 의외로 한국보다 훨씬 싼 것들도 많아 처음 일본에 왔을 땐 생각보다 싼 물가에 많이 놀랐는데, 그중 한국에 비해 압도적으로 싼 것이 바로 식재료(食材)예요. 집 근처에 있는 대형마트에서는 계란 10개들이가 110엔, 양배추 반 통이 60엔이고, 저녁에는 할인 스티커를 붙여 돼지고기 300g을 350엔에 팔기도 한답니다. 미용실처럼 인건비가 대부분을 차지하는 서비스업의 경우에는 일본이 조금 비싸지만 큰 차이는 없는 것 같으니 환율이 낮을 때라면 실속 있는 일본 여행을 즐길 수 있을 거예요.

동사 미리 알기

1. 일본어 동사의 특징

일본어 동사는 활용 특징에 따라 1그룹, 2그룹, 3그룹으로 나뉘어요.
일본어 동사가 어떻게 생겼는지 볼까요? 모든 동사의 끝 글자는 う단의 글자로 끝나요.

1그룹 동사	おも**う** 생각하다 き**く** 듣다 はな**す** 말하다, 이야기하다 ま**つ** 기다리다 し**ぬ** 죽다 よ**ぶ** 부르다 の**む** 마시다 もど**る** 돌아가다, 돌아오다	あ か さ た な は ま や ら わ い き し ち に ひ み り **う く す つ ぬ ふ む ゆ る** え け せ て ね へ め れ お こ そ と の ほ も よ ろ を **ん**
2그룹 동사	おき**る** 일어나다, 기상하다 み**る** 보다 あけ**る** 열다 かんがえ**る** 생각하다 たべ**る** 먹다 で**る** 나가다 つづけ**る** 계속하다 わすれ**る** 잊다	
3그룹 동사	**くる** 오다 **する** 하다	

66

2. 동사 그룹별 활용 한눈에 보기

이 책에서 배울 동사의 활용형만을 정리한 표입니다.

	기본형 (사전형)	ます형	ない형	た형	의지형	て형
	う단 ~하다	ます ~합니다	ない ~하지 않다	た ~했다	～う ~하자	て ~하고/해서
1그룹 동사	おもう	おもいます	おもわない	おもった	おもおう	おもって
	きく	ききます	きかない	きいた	きこう	きいて
	はなす	はなします	はなさない	はなした	はなそう	はなして
	まつ	まちます	またない	まった	まとう	まって
	しぬ	しにます	しなない	しんだ	しのう	しんで
	よぶ	よびます	よばない	よんだ	よぼう	よんで
	のむ	のみます	のまない	のんだ	のもう	のんで
	もどる	もどります	もどらない	もどった	もどろう	もどって
2그룹 동사	おきる	おきます	おきない	おきた	おきよう	おきて
	あける	あけます	あけない	あけた	あけよう	あけて
3그룹 동사	くる	きます	こない	きた	こよう	きて
	する	します	しない	した	しよう	して

지금부터 동사를 공부할 텐데, 활용이 간단해서 학습하기 쉬운 2그룹→3그룹→1그룹 순서로 배울 거예요. 많은 분들이 일본어 동사의 화려한(?) 활용에 지쳐 중도 포기하는 경우가 많은데, 미리 겁먹을 필요는 없어요. 그럼, 일본어 동사를 만나러 go go!

타 베 루
食べる 먹다

스 떼 루
捨てる 버리다

市内全域ポイ捨て禁止です
歩きながらのタバコも
やめましょう

야 메 루
やめる 그만두다

ポイ捨てし
罰金が科せ

横浜市

이 루
いる 있다

미 루
見る 보다

아 께 루
開ける 열다

오 리 루
降りる (탈것에서) 내리다

한눈에 보는 핵심 포인트

이 루
いる

이 마 스
います

이 나 이
いない

이 마 셍
いません

이 따
いた

이 마 시 따
いました

이 나 깟 따
いなかった

이 마 센 데 시 따
いませんでした

호 로 - 오 야 메 루
151 フォローを 止める。 팔로우를 그만둘 거야.

동사는 사물의 동작이나 작용을 나타낼 때 써요. 동사의 기본형으로 말하면 '~하다, ~해, ~할 거야'라는 뜻으로 현재나 미래의 일을 나타낼 수 있어요. 그래서 문맥을 잘 살펴봐야 해요.

나미다 가 데 루
152 涙が 出る。 눈물이 나.

코 레 아 게 루 요
153 これ、あげるよ。 이거 줄게.

도 아 오 시 메 루 요
154 ドアを 閉めるよ。 문을 닫을게.

나니 타 베 루
155 何 食べる？ 뭐 먹을래?

단어 Pick フォロー(follow) 팔로우 | 〜を ~을, ~를 | 止(や)める 그만두다, 끊다 | 涙(なみだ) 눈물 | 出(で)る 나오다 | あげる (내가 남에게) 주다 | ドア 문 | 閉(し)める 닫다 | 何(なに) 무엇 | 食(た)べる 먹다

표현 Pick

○ **2그룹 동사** 2그룹 동사는 기본형이 る로 끝나고, る 앞의 음이 い단이나 え단인 동사를 말해요.

○ **る** 동사의 기본형으로 말하면 '~하다, ~해, ~할 거야'라는 뜻이 돼요. 동사의 기본형만으로 현재의 일이나 상태, 미래의 일을 나타낼 수 있다는 얘기죠.

○ **食(た)べる** '먹다'라는 뜻이에요. 일본 드라마를 보다 혹시 食(く)う라는 말을 들어 보신 적 있나요? 食(く)う도 '먹다'라는 뜻이기는 하지만 食(た)べる보다 거친 느낌을 줘요.

문화 Pick

○ **일본의 식사 예절** 일본에서는 밥과 국을 먹을 때 그릇을 손에 들고 젓가락으로 먹어요. 숟가락은 카레나 오므라이스 같은 것을 먹을 때 쓰는데, 이때 그릇은 식탁에 놓고 먹어요. 일본은 가정에서도 개인별로 반찬을 담아요. 큰 그릇에 음식이 담겨져 나올 때에는 개인 접시에 덜어 먹는데, 따로 집게 등이 없을 경우에는 젓가락을 뒤집어서 집기도 해요. 입이 닿은 젓가락을 국물 요리에 넣는 것은 절대 금지예요.

156 오 쨔오 이 레 마 스
お茶を 入れます。 차를 끓일게요.

'~합니다, ~해요, ~할 거예요'라고 공손하게 말하려면 동사에 ます라는 말을 붙여서 말하면 돼요. 문법적으로는 'ます형'이라고 하죠. 2그룹 동사에 ます를 붙이려면 끝 글자 る를 떼고 ます를 붙이면 돼요.

157 하야꾸 키 가 에 마 스
早く 着替えます。 빨리 갈아입을게요.

158 로 비 - 니 네꼬가 이 마 스
ロビーに 猫が います。 로비에 고양이가 있어요.

159 토 쇼 깐 데 쇼-세쯔오 카 리 마 스
図書館で 小説を 借ります。 도서관에서 소설을 빌려요.

160 나쯔마쯔리노 토 끼 유까따 오 키 마 스 까
夏祭りの とき、浴衣を 着ますか。 여름 축제 때 유카타를 입어요?

단어 Pick ▶ お茶(ちゃ)를 入(い)れる 차를 끓이다 | 早(はや)く 빨리 | 着替(きが)える 갈아입다 | ロビー(lobby) 로비 | 猫(ね
こ) 고양이 | いる (생물이) 있다 | 小説(しょうせつ) 소설 | 借(か)りる 빌리다 | 夏祭(なつまつ)り 여름 축제 | ~とき
(時) ~때 | 浴衣(ゆかた) 유카타〈면으로 된 얇은 홑옷으로, 여름 평상복〉 | 着(き)る (옷을) 입다

표현 Pick

○ **ます / ますか** ます는 동사에 붙어 '~합니다, ~해요, ~할 거예요, ~할 겁니다'라는 공손한
표현을 만들어요. 그리고 ますか는 '~합니까?, ~해요?, ~할 거예요?'라는 질문을 할 때 써요.
이렇게 ます에 붙는 동사 형태를 문법적으로는 'ます형'이라고 하는데, 2그룹 동사에 ます를
붙이려면 끝 글자 る를 떼고 ます를 붙이면 돼요.

2그룹 동사	着替(きが)える 갈아입다 いる (생물이) 있다 借(か)りる 빌리다 着(き)る (옷을) 입다	끝 글자 る를 떼고 +ます →	着替(きが)えます 갈아입습니다 います (생물이) 있습니다 借(か)ります 빌립니다 着(き)ます (옷을) 입습니다

○ **いる** 사람이나 동물 등 생명이 있는 것이 '있다'라고 말할 때에는 오직 いる 만을 사용해요.
식물이나 건물 등 생명이 없고 움직이지 못하는 것은 ある라는 동사를 사용하는데, ある는
1그룹 동사에서 공부할 거예요.

보이는 일본어 한마디 (2그룹 동사)

스 탄 스 와 카 에 나 이
161 スタンスは 変えない。 입장은 바꾸지 않을 거야.

'~하지 않다, ~하지 않아, ~하지 않을 거야'라는 동사의 부정 표현을 만들려면 동사에 ない라는 말을 붙이면 돼요. 문법적으로는 'ない형'이라고 하죠. 2그룹 동사에 ない를 붙이려면 끝 글자 る를 떼고 ない를 붙이면 돼요.

키 보 - 오 스 떼 나 이
162 希望を 捨てない。 희망을 버리지 않아.

젯 따이 니 아끼라 메 나 이
163 絶対に 諦めない。 절대로 단념하지 않아.

아따라 시 - 시 고또니 나 레 나 이
164 新しい 仕事に 慣れない。 새로운 일에 익숙해지지 않아.

카 레 또 와 와까 레 나 이 노
165 彼とは 別れないの？ 그와는 안 헤어질 거야?

단어 Pick ▶ スタンス(stance) 공개적인 입장, 태도, 자세 | 変(か)える 바꾸다 | 希望(きぼう) 희망 | ～を ~을, ~를 | 捨(す)てる 버리다 | 絶対(ぜったい)に 절대로 | 諦(あきら)める 단념하다, 체념하다 | 慣(な)れる 익숙해지다 | 別(わか)れる 헤어지다 | ～の ~니?〈질문이나 의문을 나타냄〉

표현 Pick

○ **ない** 동사에 붙어 '~하지 않다, ~하지 않아, ~하지 않을 거야'라는 부정 표현을 만들어요. 2그룹 동사에 ない를 붙이려면 끝 글자 る를 떼고 ない를 붙이면 돼요. 이렇게 ない에 붙는 동사 형태를 문법적으로는 'ない형'이라고 해요. 그리고 'ない(↗)'라고 말끝을 부드럽게 올리면 '~하지 않아?, ~하지 않을 거야?'라는 질문이 되는데, 문맥에 따라 '~하지 않을래?'라는 권유 표현이 되기도 한답니다.

2그룹 동사	捨(す)てる 버리다 諦(あきら)める 단념하다 慣(な)れる 익숙해지다 別(わか)れる 헤어지다	끝 글자 る를 떼고 +ない →	捨(す)てない 버리지 않다 諦(あきら)めない 단념하지 않다 慣(な)れない 익숙해지지 않다 別(わか)れない 헤어지지 않다

스 리 라 - 에 - 가 와 미 마 셍
166 **スリラー映画は 見ません。** 스릴러 영화는 보지 않아요.

ません은 ます(~합니다)의 부정형으로, '~하지 않습니다, ~하지 않아요, ~하지 않을 거예요'라는 공손한 부정 표현을 만들어요. 2그룹 동사에 ません을 붙이려면 끝 글자 る를 떼고 ません을 붙이면 돼요. ます형 만드는 법과 똑같아요.

신 진 니 와 마 께 마 셍
167 **新人には 負けません。** 신참에게는 지지 않아요.

타 이 쥬 - 와 젠 젱 후 에 마 셍
168 **体重は 全然 増えません。** 체중은 전혀 늘지 않아요.

코 레 와 젯 따 이 니 와스 레 마 셍
169 **これは 絶対に 忘れません。** 이건 절대로 잊지 않을 거예요.

야스 미 노 히 니 잇 쇼 니 데 카 께 마 셍 까
170 **休みの 日に 一緒に 出掛けませんか。**

쉬는 날 같이 외출하지 않을래요?

단어 Pick ▶ スリラー(thriller)映画(えいが) 스릴러 영화 | 見(み)る 보다 | 新人(しんじん) 신입, 신참 | 負(ま)ける 지다, 패하다
| 体重(たいじゅう) 체중 | 全然(ぜんぜん) 전혀 | 増(ふ)える 늘다, 증가하다 | 忘(わす)れる 잊다 | 休(やす)みの 日(ひ)
쉬는 날 | 一緒(いっしょ)に 함께 | 出掛(でか)ける 외출하다, 나가다

표현 Pick

○ **ません** 동사에 붙어 '~하지 않습니다, ~하지 않아요, ~하지 않을 거예요'라는 공손한 부정 표현을 만들어요. 2그룹 동사에 연결할 때에는 ます와 똑같이 る를 떼고 ません을 붙이면 돼요.

○ **ませんか** ません에 의문을 나타내는 조사 か(~까?)를 붙이면 '~하지 않습니까?, ~하지 않아요?, ~하지 않을 거예요?'라는 질문이 돼요. 문맥에 따라 '~하지 않겠습니까?, ~하지 않을래요?'라는 뜻으로 상대방에게 권유나 제안을 할 때에도 써요.

○ **全然**(ぜんぜん) 부정문에 쓰여 '전혀 ~하지 않다'라는 뜻을 나타내요. 하지만 회화에서 全然(ぜんぜん) おいしい。라고 하면 '완전 맛있어.'라는 뜻으로, 긍정의 상태를 강조할 때는 '대단히 ~하다'라는 뜻으로 많이 써요.

우소 가　바 레 따
171 嘘が ばれた。 거짓말이 탄로났다.

'~했다, ~했어'라는 동사의 과거 표현을 만들려면 동사에 た라는 말을 붙이면 돼요. 문법적으로는 'た형'이라고 하죠. 2그룹 동사에 た를 붙이려면 끝 글자 る를 떼고 た를 붙이면 돼요.

카꾸 고 오　키 메 따
172 覚悟を 決めた。 각오를 다졌어.

묘 -나　훙 이 끼 오　칸 지 따
173 妙な 雰囲気を 感じた。 묘한 분위기를 느꼈어.

케 -사 쯔 니　오 또 시 모 노 오　토 도 께 따
174 警察に 落とし物を 届けた。 경찰에 분실물을 신고했어.

스 고 이　이 쯔　오 보 에 따 노
175 すごい！ いつ 覚えたの？ 대단하다! 언제 외웠어?

단어 Pick 嘘(うそ) 거짓말 | ばれる 발각되다, 탄로나다, 들통나다 | 覚悟(かくご)を 決(き)める 각오를 다지다 | 妙(みょう)だ 이상하다, 미묘하다 | 雰囲気(ふんいき) 분위기 | 感(かん)じる 느끼다 | 警察(けいさつ) 경찰 | 落(お)とし物(もの) 분실물 | 届(とど)ける 신고하다 | 覚(おぼ)える 외우다

표현 Pick

○ た 동사에 붙어 '~했다, ~했어'라는 과거 표현을 만들어요. 2그룹 동사에 た를 붙이려면 끝 글자 る를 떼고 た를 붙이면 돼요. 이렇게 た에 붙는 동사 형태를 문법적으로는 'た형'이라고 해요. 그리고 'た(↗)'라고 말끝을 부드럽게 올리면 '~했어?'라는 질문이 됩니다.

2그룹 동사	ばれる 탄로나다 感(かん)じる 느끼다 届(とど)ける 신고하다 覚(おぼ)える 외우다	끝 글자 る를 떼고 +た →	ばれた 탄로났다 感(かん)じた 느꼈다 届(とど)けた 신고했다 覚(おぼ)えた 외웠다

보꾸노　스베떼오　카께마시따
176 僕の すべてを 掛けました。 제 모든 것을 걸었어요.

> ました는 ます(~합니다)의 공손한 과거 표현이에요. '~했습니다, ~했어요'라는 뜻이죠. 2그룹 동사에 ました를 붙이려면 る를 떼고 ました를 붙이면 돼요. ました도 ます형 만드는 법과 똑같아요.

메아도오　오시에마시따
177 メアドを 教えました。 메일 주소를 알려줬어요.

코도모노　세와니　츠까레마시따
178 子供の 世話に 疲れました。 아이 치다꺼리에 지쳤어요.

스마호노　덴찌가　키레마시따
179 スマホの 電池が 切れました。 스마트폰 배터리가 다 됐어요.

아따라시 - 모꾸효-가　데끼마시따까
180 新しい 目標が できましたか。 새로운 목표가 생겼어요?

> **단어 Pick** ▶ すべて 전부, 모두 | 掛(か)ける 걸다 | メアド 메일 주소〈メールアドレス의 준말〉 | 教(おし)える 가르치다, 알려 주다
> | 世話(せわ) 돌봄, 보살핌 | 疲(つか)れる 지치다, 피곤해지다 | 電池(でんち) 전지, 배터리 | 切(き)れる 끊어지다, 다 되다
> | 目標(もくひょう) 목표 | できる 생기다

표현 Pick

○ **ました** 동사에 붙어 '~했습니다, ~했어요'라는 공손한 과거 표현을 만들어요. 2그룹 동사에 ました를 붙이려면 끝 글자 る를 떼고 ました를 붙이면 돼요.

문화 Pick

○ **일본의 욕실** 일본인들은 따뜻한 욕조에서 하루의 피로를 푸는 것을 즐겨요. 욕조에 들어갈 때에는 간단하게 샤워를 하고 들어가기 때문에 한 번 받은 욕조의 물은 온 가족이 차례대로 함께 쓴답니다. 일본 욕조에는 설정 온도 이하로 내려가지 않도록 물을 데우는 센서도 달려 있어요. 대부분의 가정집은 욕실과 화장실이 분리되어 있어서 느긋하게 목욕할 수 있어요.

시 - 토 베루토 가 하즈레나 깟 따
181 **シートベルトが 外れなかった。**
안전벨트가 풀어지지 않았어.

> なかった는 た(~했다)의 과거부정 표현이에요. '~하지 않았다, ~하지 않았어'라는 뜻이죠. 2그룹 동사에 なかった를 붙이려면 끝 글자 る를 떼고 なかった를 붙이면 돼요.

무까시 와 모 떼 나 깟 따
182 **昔は 持てなかった。** 옛날에는 인기 있지 않았어.

쿠라 이 노니 뎅 끼 오 츠 께 나 깟 따
184 **暗いのに 電気を つけなかった。** 어두운데 불을 켜지 않았어.

카레 와 사 라 리 - 만 니 미 에 나 깟 따
183 **彼は サラリーマンに 見えなかった。** 그는 샐러리맨으로 보이지 않았어.

난 데 닝 겐 독 쿠 오 우 께 나 깟 따 노
185 **なんで 人間ドックを 受けなかったの？** 왜 건강 검진을 안 받았어?

단어 Pick ▶ シートベルト(seat belt) 안전벨트 | 外(はず)れる 풀어지다, 벗겨지다 | 昔(むかし) 옛날 | 持(も)てる 인기가 있다 | 暗(くら)い 어둡다 | ~のに ~인데도, ~한데 | 電気(でんき)を つける 불을 켜다 | サラリーマン 샐러리맨 | 見(み)える 보이다 | なんで 어째서, 왜 | 人間(にんげん)ドック(dock) 건강 검진 | 受(う)ける (어떤 행위를) 받다

표현 Pick

○ **なかった** 동사에 붙어 '~하지 않았다, ~하지 않았어'라는 과거부정 표현을 만들어요. 2그룹 동사에 なかった를 붙이려면 끝 글자 る를 떼고 なかった를 붙이면 돼요.

○ **人間(にんげん)ドック** 종합적인 정밀 건강 검사를 위해 단기간 입원하는 것을 말해요. ドック(dock)는 부두를 가리키는 말로, 배가 수리나 점검 등을 위해 선착장으로 들어오는 것을 빗대 만든 말이에요.

○ **직업을 나타내는 말**

会社員(かいしゃいん) 회사원	学生(がくせい) 학생
公務員(こうむいん) 공무원	お医者(いしゃ)さん 의사
教師(きょうし) 교사	看護師(かんごし) 간호사
エンジニア(engineer) 엔지니어	弁護士(べんごし) 변호사

지 깡 가   타 리 마 센 데 시 따
186 **時間が 足りませんでした。** 시간이 충분하지 않았어요.

ませんでした는 ません(~하지 않습니다)의 공손한 과거부정 표현이에요. '~하지 않았습니다, ~하지 않았어요'라는 뜻이죠.
2그룹 동사에 ませんでした를 붙이려면 る를 떼고 ませんでした를 붙이면 돼요.

시 쯔 몬 니   고 따 에 마 센 데 시 따
187 **質問に 答えませんでした。** 질문에 대답하지 않았어요.

다 레 모   아 메 니   누 레 마 센 데 시 따
188 **誰も 雨に 濡れませんでした。** 누구도 비에 젖지 않았어요.

와 따 시 와   키 노-   아 소 꼬 니 와   이 마 센 데 시 따
189 **私は 昨日 あそこには いませんでした。**
저는 어제 거기에는 있지 않았어요 [없었어요].

아 사   하 야 꾸   오 끼 마 센 데 시 따 까
190 **朝 早く 起きませんでしたか。** 아침 일찍 일어나지 않았어요?

단어 Pick ▶ 足(た)りる 족하다, 충분하다 ┃ 質問(しつもん) 질문 ┃ 答(こた)える 대답하다 ┃ 誰(だれ)も 누구도 ┃ 濡(ぬ)れる
젖다 ┃ 昨日(きのう) 어제 ┃ あそこ (서로 알고 있는)그곳, 거기 ┃ 朝(あさ) 아침 ┃ 起(お)きる 일어나다, 기상하다

표현 Pick

◦ **ませんでした** 동사에 붙어 '~하지 않았습니다, ~하지 않았어요'라는 공손한 과거부정
표현을 만들어요. 2그룹 동사에 ませんでした를 붙이려면 끝 글자 る를 떼고 ませんでし
た를 붙이면 돼요.

◦ **때를 나타내는 말**

昨日(きのう) 어제	今日(きょう) 오늘	明日(あした) 내일
先週(せんしゅう) 지난주	今週(こんしゅう) 이번 주	来週(らいしゅう) 다음 주
先月(せんげつ) 지난달	今月(こんげつ) 이달	来月(らいげつ) 다음 달

넷 토 데 시 라 베 요 -
191 **ネットで 調べよう。** 인터넷에서 조사하자.

'~하자'라는 동사의 의지 표현을 만들려면 동사에 (よ)う라는 말을 붙이면 돼요. 문법적으로는 '의지형'이라고 해요. 2그룹 동사의 경우 끝 글자 る를 떼고 よう를 붙이면 돼요.

하나시오 마에니 스스메 요 -
192 **話を 前に 進めよう。** 이야기를 (앞으로) 진척시키자.

시 료 - 오 아쯔메 요 -
193 **資料を 集めよう。** 자료를 모으자.

츠기 노 에끼 데 오 리 요 -
194 **次の 駅で 降りよう。** 다음 역에서 내리자.

사 - 소 - 지 오 하지메 요 -
195 **さあ、掃除を 始めよう。** 자, 청소를 시작하자.

단어 Pick ▶ ネット 인터넷 〈インターネット의 준말〉 | ~で ~에서 | 調(しら)べる 조사하다 | 前(まえ) 앞 | 進(すす)める 앞으로 나아가게 하다, 진척시키다 | 資料(しりょう) 자료 | 集(あつ)める 모으다 | 次(つぎ) 다음 | 駅(えき) 역 | 降(お)りる (탈것에서) 내리다 | さあ 자, 어서 | 掃除(そうじ) 청소 | 始(はじ)める 시작하다

표현 Pick

○ よう 동사에 붙어 '~하자'라는 의지 표현을 만들어요. 2그룹 동사에 よう를 붙이려면 끝 글자 る를 떼고 よう를 붙이면 돼요. 이렇게 よう에 붙는 동사 형태를 문법적으로는 '의지형'이라고 해요. 상대방의 의향을 묻기보다는 그렇게 하자고 적극적으로 권유나 제안할 때 쓰는 표현이에요. 물론 明日(あした)から 早(はや)く 起(お)きよう。(내일부터 일찍 일어나야지.)처럼 자신의 의지를 나타내기도 해요.

2그룹 동사	調(しら)べる 조사하다 進(すす)める 진척시키다 集(あつ)める 모으다 降(お)りる (탈것에서) 내리다	끝 글자 る를 떼고 +よう →	調(しら)べよう 조사하자 進(すす)めよう 진척시키자 集(あつ)めよう 모으자 降(お)りよう (탈것에서) 내리자

담 보 - 루 니 이 레 마 쇼 -
196 段ボールに 入れましょう。 골판지 상자에 넣읍시다.

ましょう는 よう(~하자)의 공손한 표현이에요. '~합시다'라는 뜻이죠. 2그룹 동사에 ましょう를 붙이려면 る를 떼고 ましょう를 붙이면 돼요.

킨 토 레 오 츠즈 께 마 쇼 -
197 筋トレを 続けましょう。 웨이트 트레이닝을 계속합시다.

후따 쯔 노 오 - 끼 사 오 쿠 라 베 마 쇼 -
198 二つの 大きさを 比べましょう。 두 개의 크기를 비교합시다.

센 세 - 니 칸 샤 노 키 모 찌 오 츠따 에 마 쇼 -
199 先生に 感謝の 気持ちを 伝えましょう。 선생님께 감사의 마음을 전합시다.

나쯔야 스 미 노 케 - 까꾸 오 타 떼 마 쇼 -
200 夏休みの 計画を 立てましょう。 여름방학 계획을 세웁시다.

단어 Pick ▶ 段(だん)ボール 골판지 상자〈段(だん)ボール箱(ばこ)의 준말〉 | 入(い)れる 넣다 | 筋(きん)トレ 근력 단련, 웨이트 트레이닝〈筋力(きんりょく)トレーニング의 준말〉 | 続(つづ)ける 계속하다 | 二(ふた)つ 두 개 | 大(おお)きさ 크기 | 比(くら)べる 비교하다 | ～に ~에게 | 感謝(かんしゃ) 감사 | 気持(きも)ち 기분, 마음 | 伝(つた)える 전하다 | 夏休(なつやす)み 여름방학, 여름휴가 | 計画(けいかく) 계획 | 立(た)てる 세우다

표현 Pick

◦ **ましょう** 동사에 붙어 '~합시다'라는 공손한 표현을 만들어요. よう(~하자)의 공손한 표현으로, 2그룹 동사에 ましょう를 붙이려면 끝 글자 る를 떼고 ましょう를 붙이면 돼요. ましょう(~합시다), ましょうか(~할까요?), ～ませんか(~하지 않겠습니까?) 모두 권유할 때 쓰는데, 상대방을 배려하는 정도는 ませんか가 가장 강하고 그 다음 ましょうか, ましょう 순서로 볼 수 있어요.

◦ **숫자 세기(고유수)** 일본어에도 우리처럼 '한 개, 두 개, 세 개…' 이렇게 세는 방법이 있어요.

한 개	두 개	세 개	네 개	다섯 개
一(ひと)つ	二(ふた)つ	三(みっ)つ	四(よっ)つ	五(いつ)つ
여섯 개	일곱 개	여덟 개	아홉 개	열 개
六(むっ)つ	七(なな)つ	八(やっ)つ	九(ここの)つ	十(とお)

보이는 일본어 2그룹 동사 한마디

201 シャワーを 浴びて テレビを 見ました。
샤 와-오 아비떼 테레비오 미마시 따

샤워를 하고 TV를 봤어요.

'~하고, ~해서'로, 동사로 문장을 연결하려면 동사에 て라는 말을 붙이면 돼요. 문법적으로는 'て형'이라고 하죠. 2그룹 동사에 て를 붙이려면 끝 글자 る를 떼고 て를 붙이면 돼요.

202 朝 起きて 窓を 開けました。 아침에 일어나서 창문을 열었어요.
아사 오끼떼 마도오 아께마시따

203 部屋を 片付けて 家を 出た。 방을 정리하고 집을 나왔어.
헤야오 카따즈께떼 이에오 데따

204 木を 植えてから 散歩に 出かけた。 나무를 심고 나서 산책하러 나갔어.
키오 우에떼까라 삼뽀니 데까께따

205 田舎に 引っ越してから 運転免許を 取った。
이나까니 힉꼬시떼까라 운뗌멩꾜오 톳따

시골로 이사하고 나서 운전면허를 땄어.

단어 Pick シャワー(shower) 샤워 | 浴(あ)びる 뒤집어쓰다, (물을) 들쓰다 | 窓(まど) 창, 창문 | 開(あ)ける 열다 | 片付(かたづ)ける 치우다, 정리하다 | 出(で)る 나오다 | 木(き) 나무 | 植(う)える 심다 | 散歩(さんぽ) 산책 | 동사의 ます형+に ~하러 | 田舎(いなか) 시골 | 引(ひ)っ越(こ)す 이사하다 | 運転免許(うんてんめんきょ) 운전면허 | 取(と)る (자격증 등을) 따다

표현 Pick

○ て 동사로 문장을 연결할 때에는 て라는 말을 붙이는데 '~하고, ~해서'라는 뜻이에요. 2그룹 동사에 て를 붙이려면 끝 글자 る를 떼고 て를 붙이면 돼요. 이렇게 て에 붙는 동사 형태를 문법적으로는 'て형'이라고 해요.

2그룹 동사	起(お)きる 일어나다, 기상하다 出(で)る 나오다 出(で)かける 나가다	끝 글자 る를 떼고 +て →	起(お)きて 일어나고, 일어나서 出(で)て 나오고, 나와서 出(で)かけて 나가고, 나가서

○ てから '~하고 나서'라는 뜻으로, 앞의 동작을 하고 나서 순차적으로 뒤의 동작을 한다는 뜻이에요.

Episode **12** 🎧 045 | **진행/상태**

바 라 에 티 ~ 방 구 미 오 미 떼 이 마 시 따
206 **バラエティー番組を 見て いました。**

예능 프로그램을 보고 있었어요. 〈진행〉

て いました는 '~하고 있었습니다, ~하고 있었어요'라는 뜻이에요. Episode 11에서 배운 て형에 いる를 붙여 て いる가 되면 '~하고 있다, ~하고 있어'라는 뜻으로 동작의 진행과 상태를 나타내요.

토모다찌 니 뎅 와 오 카 께 떼 이 마 스
207 **友達に 電話を 掛けて います。** 친구에게 전화를 걸고 있어요. 〈진행〉

나니 오 캉 가 에 떼 이 미 스 까
208 **何を 考えて いますか。** 뭘 생각하고 있어요? 〈진행〉

와따시 와 하하 니 니 떼 이 마 스
209 **私は 母に 似て います。** 저는 엄마를 닮았어요. 〈상태〉

미찌 니 오 까네 가 오 찌 떼 이 마 스
210 **道に お金が 落ちて います。** 길에 돈이 떨어져 있어요. 〈상태〉

단어 Pick ▶ バラエティー(variety)番組(ばんぐみ) 예능 프로그램 │ 電話(でんわ)を 掛(か)ける 전화를 걸다 │ 考(かんが)える
생각하다 │ 似(に)る 닮다 │ 道(みち) 길 │ お金(かね) 돈 │ 落(お)ちる 떨어지다

표현 Pick

○ **て いる** '~하고 있다, ~하고 있어'라는 뜻으로, 동작의 진행과 상태를 나타내요. 동사 접속
은 て형에 붙어요. 일상회화에서는 い가 생략되어 てる 형태로 많이 쓰여요. て いる에는 여
러 용법이 있는데, 여기에서는 '동작의 진행'과 '어떤 동작이 행해진 결과나 작용이 그대로 지
속되어 있는 상태'를 나타낸다는 용법 정도만 알고 가도록 해요. 이때의 いる는 생물의 존재
유무를 나타내는 '있다'라는 뜻이 아니라는 점에 유의하세요. いる에서 る를 떼고 ました(~
했습니다)를 붙이면 て いました(~하고 있었습니다, ~하고 있었어요)가 되어 공손한 과거
표현이 됩니다.

○ **似(に)て います** 누구와 닮았다고 할 때에는 て いる를 써서 표현하는데, 해석은 '닮았
다'라고 과거형으로 해야 해요. 그리고 한 가지 더 유의할 점은 앞에 조사 に를 쓴다는 거예
요. '~을 닮다'라고 해서 조사 を를 쓰면 안 된답니다.

보이는 실전 일본어

✽ 료가 캠퍼스 벤치에 앉아 있는 유이를 발견하고 말을 걸어요. 🎧046

료
何 見てる？
나니 미 떼루
뭘　보고 있어?

유이
ああ、好きな 歌手の 動画を 見てました。
아- 스 끼나 카 슈노 도-가오 미 떼마시 따
아~,　좋아하는　가수의　동영상을　보고 있었어요.

유이
あ、ダヒョンちゃんからです。もしもし。
아 다 횬 쨩 까라데스 모시모시
아,　다현이에요.　　여보세요?

다현
ゆいちゃん。ミンホの インスタ 見た？
유 이 쨩 민호노 인 스 타 미 따
유이야.　민호(의)　인스타　봤어?

유이
ううん、まだ 見てないけど。今 どこ？
우- 웅 마다 미 떼나 이 께도 이마 도 꼬
아니,　아직　안 봤는데.　지금 어디야?

다현
今 学食に いる。
이마 각 쇼꾸니 이루
지금 학생식당에　있어.

유이
学食？ じゃ、ランチ 食べてから
각 쇼꾸 쟈 란 치 타 베 떼 까라
학생식당?　그럼,　점심　먹고 나서

図書館で 一緒に 資料を 調べよう。
토 쇼 깐 데 잇 쇼니 시료-오 시라베 요-
도서관에서　함께　자료를　찾자.

다현
オッケー。電話 かけるね。
옥 케- 뎅와 카 께루네
오케이.　전화할게.

료
ゆいちゃん。一緒に 昼ご飯 食べない？
유 이 쨩 잇 쇼니 히루고항 타 베 나 이
유이 짱.　같이　점심　먹지 않을래?

学食で。
각 쇼꾸 데
학생식당에서.

단어 Pick

- 〜てる ~하고 있다〈〜ている의준말〉
- 動画(どうが) 동영상
- もしもし 여보세요〈전화할 때 쓰는 말〉
- インスタ 인스타그램
  〈インスタグラム(instagram)의준말〉
- ううん 아니
- まだ 아직
- 今(いま) 지금
- どこ 어디
- 学食(がくしょく) 학생식당
  〈学生食堂(がくせいしょくどう)의준말〉
- 〜に ~에
- じゃ 그럼
- ランチ(lunch) 런치, 점심(식사)
- オッケー(=オーケー) 오케이(OK)
- 電話(でんわ)(を) かける 전화(를) 걸다
- 昼(ひる)ご飯(はん) 점심(식사)

1 다음 문장을 우리말로 옮겨 보세요.

❶ お金が 落ちて います。

_____

❷ 部屋を 片付けて 家を 出ました。

_____

❸ 段ボールに 入れましょう。

_____

2 주어진 단어를 문장에 맞게 바꿔 보세요.

❶ 学食に 猫が _____ 〔いる〕

학생식당에 고양이가 있어요.

❷ うちで バラエティー番組を _____ 〔見る〕

집에서 예능 프로그램을 보고 있었어요.

❸ これは 絶対に _____ 〔忘れる〕

이것은 절대로 잊지 않겠어요.

정답 1. ① 돈이 떨어져 있어요.

② 방을 정리하고 집을 나왔어요.

③ 골판지 상자에 넣읍시다.

2. ① います。

② 見て いました。

③ 忘れません。

마루짱의 블로그
생생한 일본 현지 이야기

프로필▶ 쪽지▶

이웃

---

category   ∧

- 전체보기

ㄴ 일본 여행

ㄴ 일본 생활

ㄴ 일본 정보

tags   최근 | 인기

일본, 여행, 일본 편의점,
도시락, 일본 디저트, 쇼핑,
일본문화

불편해도 괜찮아,

일본의 아날로그(アナログ) 문화

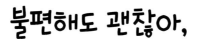

한국을 떠나 혼자 도쿄에 정착한 지 벌써 1년 반. 이젠 어느 정도 일본 생활에 익숙해졌지만, 사실 이렇게 적응하기까지는 꽤 시간이 걸렸어요.

아직 생활 곳곳에 짙은 아날로그(アナログ) 감성이 묻어 있는 일본에서는 한국에서의 디지털 문화의 편리함이 전혀 없어서 처음 한 달은 하루하루가 당황스러움의 연속이었습니다.

그중 단연 1위는 관공서와 은행의 업무 처리 속도였어요. 이사 후 전입 신고를 하기 위해 구청(区役所)을 찾은 날, 번호표를 들고 순서를 기다린 지 두 시간이 지나자 문득 이런 생각이 들었어요.

"내가 지금 몇 년도에 와 있는 거지?"

　뭐든 빨리빨리 하는 한국 문화에 익숙해져 있는 사람이라면 한숨만 나오는 일본의 업무 처리 속도. 한국과 같은 인터넷 민원 처리 시스템은 당연히 없었고, 이사를 하게 되면 각 구청에서 전출 신고와 전입 신고를 따로따로 해야 하며, 그 대기 시간(待ち時間)은 상상을 초월했어요. 첫날 구청에서 3시간을 허비한 후, 다음 날 찾은 은행도 별반 다를 바 없었습니다.

　1년 반이 지난 지금까지 기억에 생생한 은행 직원의 말,
　"계좌 개설 후 일주일이 지나면 카드가 집에 도착하는데, 그 카드를 등록하고 일주일이 지나면 인터넷뱅킹이 가능한 카드를 다시 보내 드려요."
　"…네?"
　그렇게 정확히 2주가 지난 후에야 인터넷뱅킹을 이용할 수 있었습니다.
　이 느린 업무 처리에 처음에는 화도 났지만 지금 생각해 보면 일본이 틀린 게 아닌, 단지 '다름'을 인정하지 않았던 제 생각이 틀렸던 것이 아닐까 싶기도 해요.

　'로마에 가면 로마 법을 따르라'는 속담이 있듯, 일본에도 郷に入っては郷に従え라는 속담이 있어요.
　우리와 다른 문화에 불편함을 느끼더라도, '대체 왜 저래?'가 아닌 '아, 여긴 이런 문화가 있구나' 하고 인정하고 받아들인다면 훨씬 더 편안한 마음으로 일본 생활을 할 수 있을 거예요.

벵꾜-스루
勉強する 공부하다

카 이모노오 스루
買い物を する 쇼핑을 하다

하나시 오 스루
話を する 이야기를 하다

쿠 루 / 스 루
来る / する 오다/하다

카이 기 오 스 루
会議を する 회의를 하다

한눈에 보는 핵심 포인트

쿠 루 / 스 루
来る / する

키 마 스 / 시 마 스
来ます / します

코 나 이 / 시 나 이
来ない / しない

키 마 셍 / 시 마 셍
来ません / しません

키 따 / 시 따
来た / した

키 마 시 따 / 시 마 시 따
来ました / しました

코 나 깟 따 / 시 나 깟 따
来なかった / しなかった

키 마 셍 데 시 따 / 시 마 셍 데 시 따
来ませんでした / しませんでした

이나까 까 라 오야 가 쿠 룬 다
211 田舎から 親が 来るんだ。 시골에서 부모님이 오거든.

3그룹 동사는 규칙 없이 변하기 때문에 외울 수밖에 없어요. 친한 사이에서는 기본형으로 말해 보세요. 기본형으로 '~하다, ~해, ~할 거야'라는 뜻으로, 현재나 미래의 일을 나타낼 수 있어요. 그래서 문맥을 잘 살펴봐야 해요.

이 쯔 쿠루
212 いつ 来る？ 언제 와?

아 삿떼 까라 보 란 티 아 스 루
213 明後日から ボランティアする。 모레부터 자원봉사해.

카 노 죠 또 데 - 토 스 룬 다
214 彼女と デートするんだ。 그녀와 데이트하거든.

아 시 따 나니 스 루
215 明日 何 する？ 내일 뭐 해?

단어 Pick ▶ 田舎(いなか) 시골 | 親(おや) 부모 | 来(く)る 오다 | 明後日(あさって) 모레 | ボランティア(volunteer)する
자원봉사하다 | デート(date)する 데이트하다 | 明日(あした) 내일 | する 하다

표현 Pick

∘ **3그룹 동사** 3그룹 동사는 来(く)る와 する 2개밖에 없어요. 3그룹 동사는 자기 마음대로 불규칙하게 변하기 때문에 ます형도 ない형도 외울 수밖에 없어요.

∘ **ボランティアする** する(하다)는 여러 형태의 어휘와 결합하여 새로운 동사를 만들어 내요. ボランティアする는 '외래어+する', '出発(しゅっぱつ)する(출발하다)'는 '한자어+する' 형태로 이루어진 동사예요.

아 또 데 모 - 히 또 리 키 마 스
216 あとで もう 一人 来ます。

나중에 한 명 더 올 거예요.

来(く)る의 ます형은 来(き)ます로 '옵니다, 와요, 올게요', する의 ます형은 します로 '합니다, 해요, 할게요'라는 공손한 표현을 만들어요.

코 꼬 니 요 꾸 키 마 스 까
217 ここに よく 来ますか。 여기에 자주 와요?

콘 슈 - 노 도 요 - 비 슙 빠쯔 시 마 스
218 今週の 土曜日 出発します。 이번 주 토요일에 출발해요.

라 이 게 쯔 까 라 슈 - 상 까 이 렌 슈 - 시 마 스
219 来月から 週 3回 練習します。 다음 달부터 주 3회 연습해요.

아 푸 리 와 도 노 요 - 니 다 운 로 - 도 시 마 스 까
220 アプリは どのように ダウンロードしますか。

앱은 어떻게 다운로드해요?

단어 Pick ▶ あとで 나중에 | もう 더 | 一人(ひとり) 한 명 | よく 자주, 잘 | 今週(こんしゅう) 이번 주 | 土曜日(どようび) 토요일 | 出発(しゅっぱつ)する 출발하다 | 来月(らいげつ) 다음 달 | 週(しゅう) 주 | ～回(かい) ~회, ~번 | 練習(れんしゅう)する 연습하다 | どのように 어떻게 | ダウンロード(download)する 다운로드하다

표현 Pick

○ **来(き)ます / します** 来(く)る/する의 ます형이에요. '옵니다, 와요, 올게요', '합니다, 해요, 할게요'라는 뜻의 공손한 표현이에요. 뒤에 의문 조사 か(~까?)를 붙여 来(き)ますか/しますか라고 하면 '옵니까?, 와요?, 올 거예요?', '합니까?, 해요?, 할 거예요?'라는 질문이 돼요.

○ **횟수 말하기**

한 번	두 번	세 번	네 번	다섯 번
一回 (いっかい)	二回 (にかい)	三回 (さんかい)	四回 (よんかい)	五回 (ごかい)
여섯 번	일곱 번	여덟 번	아홉 번	열 번
六回 (ろっかい)	七回 (ななかい)	八回 (はっかい)	九回 (きゅうかい)	十回 (じゅっかい・じっかい)

카노 죠 와　코 나 이
221 **彼女は 来ない。** 그녀는 안 와.

来(く)る의 ない형은 来(こ)ない로 '오지 않다, 오지 않아, 안 올 거야', する의 ない형은 しない로 '하지 않다, 하지 않아, 안 할 거야'라는 부정 표현이 돼요.

아 시 따　우 찌 니　코 나 이
222 **明日 うちに 来ない？** 내일 우리 집에 안 올래?

로 구　잉　와　시 나 이
223 **ログインは しない。** 로그인은 안 해.

쿄- 와　난 니 모　시 나 이
224 **今日は なんにも しない。** 오늘은 아무것도 안 할 거야.

콘 도 노　슈-마쯔　보 란 티 아 시 나 이
225 **今度の 週末、ボランティアしない？**
이번 주말에 자원봉사 안 할래?

단어 Pick ▶ ログイン(log-in) 로그인 | なん(何)にも 아무것도 | 今度(こんど) 이번 | 週末(しゅうまつ) 주말

표현 Pick

○ **来(こ)ない/しない** 来(く)る/する의 ない형으로, '오지 않다, 오지 않아, 안 올 거야', '하지 않다, 하지 않아, 안 할 거야'라는 부정 표현이 돼요. 그리고 'ない(↗)'라고 말끝을 부드럽게 올리면 질문이 되는데, 문맥에 따라 '안 올래?', '안 할래?'라는 권유 표현이 되기도 해요.

○ **今度(こんど)** 이 말은 '이번, 이다음'이라는 두 가지 뜻을 가지고 있어요. 즉, 지금 현재뿐만 아니라 미래의 일을 말하기도 하므로 앞뒤 문맥을 잘 살펴봐야 해요.

今度(こんど)の 出張(しゅっちょう)は 韓国(かんこく)です。 이번 출장은 한국이에요.

今度(こんど)は 絶対(ぜったい)に 負(ま)けません。 이다음에는 절대로 안 져요.

226 **メールが 来ません。** 메일이 오지 않아요.
메 - 루 가 키 마 셍

来(く)る(오다)에 ません을 붙이면 来(き)ません으로 '오지 않습니다, 오지 않아요, 오지 않을 거예요', する(하다)에 ません을 붙이면 しません으로 '하지 않습니다, 하지 않아요, 하지 않을 거예요'라는 공손한 부정 표현이 돼요.

227 **バスが まだ 来ません。** 버스가 아직 안 와요.
바 스 가 마 다 키 마 셍

228 **明後日 食事会に 来ませんか。** 모레 식사 모임에 안 올래요?
아 삿 떼 쇼꾸 지 까이 니 키 마 셍 까

229 **そんな ことは もう 二度と しません。** 그런 일은 두 번 다시 안 해요.
손 나 코 또 와 모 - 니 도 또 시 마 셍

230 **SNSは しませんか。** SNS는 안 해요?
에스에누에스 와 시 마 셍 까

[단어 Pick] ▶ メール(mail) 메일 | バス(bus) 버스 | 食事会(しょくじかい) 식사 모임 | そんな 그런 | こと 일 | もう 二度(にど)と 이제 다시, 두 번 다시 | SNS(エスエヌエス) SNS

[표현 Pick]

○ **来(き)ません** 来(く)る의 공손한 부정 표현으로 '오지 않습니다, 오지 않아요, 오지 않을 거예요'라는 뜻이에요. '来(き)ません+か' 형태로 来(き)ませんか라고 하면 '오지 않습니까?, 오지 않아요?, 오지 않을 거예요?'라는 질문이 돼요. 문맥에 따라 권유를 나타낼 때도 있는데, 그때는 '오지 않을래요?'라는 뜻으로 해석하세요.

○ **しません** する의 공손한 부정 표현으로 '하지 않습니다, 하지 않아요, 하지 않을 거예요'라는 뜻이 돼요. 'しません+か' 형태로 しませんか라고 하면 '하지 않습니까?, 하지 않아요?, 하지 않을 거예요?'라는 질문이 돼요. 문맥에 따라 권유를 나타낼 때도 있는데, 그때는 '하지 않겠습니까?, 하지 않을래요?'라는 뜻으로 해석하세요.

タイフ-ガ　キ　따
231 **台風が 来た。** 태풍이 왔어.

来(く)る의 た형은 来(き)た로 '왔다, 왔어', する의 た형은 した로 '했다, 했어'라는 과거 표현이 돼요.

아따라시-　죠-시가　키　따
232 **新しい 上司が 来た。** 새로운 상사가 왔어.

카이기노　쥼비오　시따
233 **会議の 準備を した。** 회의 준비를 했어.

샤싱오　압푸로-도시따
234 **写真を アップロードした。** 사진을 업로드했어.

도꼬데　케가시따노
235 **どこで 怪我したの？** 어디에서 다쳤니?

단어 Pick │ 台風(たいふ) 태풍 │ 上司(じょうし) 상사 │ 会議(かいぎ) 회의 │ 準備(じゅんび) 준비 │ 写真(しゃしん) 사진 │ アップロード(up load) 업로드 │ 怪我(けが)する 다치다

표현 Pick

○ 来(き)た　来(く)る의 た형으로 '왔다, 왔어'라는 과거 표현이에요.

○ した　する의 た형으로 '했다, 했어'라는 과거 표현이에요.

○ 어휘 늘리기

地震(じしん) 지진

台風(たいふう) 태풍

梅雨(つゆ・ばいう) 장마

雪崩(なだれ) 눈사태

津波(つなみ) 지진해일

土砂崩(どしゃくず)れ 산사태, 토사 붕괴

Episode **06** 🎧 052 | **과거의 존댓말**

큐-뀨-샤 가   키 마 시 따
236 **救急車が 来ました。** 구급차가 왔어요.

来(く)る에 ました를 붙이면 来(き)ました로 '왔습니다, 왔어요', する에 ました를 붙이면 しました로 '했습니다, 했어요'
라는 공손한 과거 표현이 돼요.

캉 꼬꾸 까 라   키 마 시 따
237 **韓国から 来ました。** 한국에서 왔어요.

도 꼬 까 라   키 마 시 따 까
238 **どこから 来ましたか。** 어디에서 왔어요?

히또 메 보 레 시 마 시 따
239 **一目ぼれしました。** 첫눈에 반했어요.

로 구 인 니   십 빠이 시 마 시 따
240 **ログインに 失敗しました。** 로그인에 실패했어요.

단어 Pick ▶ 救急車(きゅうきゅうしゃ) 구급차 | 韓国(かんこく) 한국 | 一目(ひとめ)ぼれする 첫눈에 반하다 | 失敗(しっぱい)
する 실패하다

표현 Pick
○ 来(き)ました 来(く)る의 공손한 과거 표현으로 '왔습니다, 왔어요'라는 뜻이에요.
○ しました する의 공손한 과거 표현으로 '했습니다, 했어요'라는 뜻이에요.

문화 Pick
○ **일본의 긴급 번호** 일본에서 화재나 긴급 환자 우송을 요청하는 번호는 우리와 같이 119번
으로, いちいちきゅう番(ばん)이라고 말하면 되고, 경찰에게 긴급 도움을 요청하는 번호는
110번으로 ひゃくとお番(ばん)이라고 말하면 돼요. 꼭 알아두세요!

다 레 모 코 나 깟 따
241 誰も 来なかった。 아무도 오지 않았어.

来(く)る에 なかった를 붙이면 来(こ)なかった로 '오지 않다, 오지 않았어', する에 なかった를 붙이면 '하지 않다, 하지 않았어'라는 과거부정 표현이 돼요.

카노 죠 와 렌 라꾸모 나꾸 코 나 깟 따
242 彼女は 連絡も なく 来なかった。 그녀는 연락도 없이 오지 않았어.

이 쯔 모 호 도 킨쬬-시 나 깟 따
243 いつもほど 緊張しなかった。 평소만큼 긴장하지 않았어.

센 슈- 와 고 루 후 오 시 나 깟 따
244 先週は ゴルフを しなかった。 지난주에는 골프를 안 쳤어.

시 껜 나 노 니 로 꾸 니 벵꾜-시 나 깟 따
245 試験なのに ろくに 勉強しなかった。
시험인데 제대로 공부 안 했어.

단어 Pick ▶ 誰(だれ)も 누구도, 아무도 | 連絡(れんらく) 연락 | 緊張(きんちょう)する 긴장하다 | ゴルフ(golf) 골프 | ~のに
~인데(도) | ろくに 제대로 | 勉強(べんきょう)する 공부하다

표현 Pick

○ 来(こ)なかった/しなかった 来(く)る/する의 과거부정 표현으로, '오지 않다, 오지 않았어', '하지 않다, 하지 않았어'라는 뜻이에요.

○ 의문사

누구	어느 분	어디	어디, 어느 쪽
誰(だれ)	どなた	どこ	どちら
언제	몇	얼마	무엇
いつ	いくつ	いくら	何(なに)
몇 월	며칠	무슨 요일	몇 시
何月(なんがつ)	何日(なんにち)	何曜日(なんようび)	何時(なんじ)

사이와 이   츠 나미 와   키 마 센 데시 따
246 **幸い 津波は 来ませんでした。**

다행히 지진해일은 오지 않았어요.

来(く)る에 ませんでした를 붙이면 来(き)ませんでした로 '오지 않았습니다, 오지 않았어요', する에 ませんでした
를 붙이면 '하지 않았습니다, 하지 않았어요'라는 공손한 과거부정 표현이 돼요.

이 상 와 키 마 센 데시 따 까
247 **イさんは 来ませんでしたか。** 이 씨는 안 왔어요?

키노- 와   운 뗀 시마 센 데시 따
248 **昨日は 運転しませんでした。** 어제는 운전하지 않았어요.

화 이루오   박 쿠 압 푸시마 센 데 시 따
249 **ファイルを バックアップしませんでした。**

파일을 백업하지 않았어요.

쇼 루이 니   사 잉 오 시마 센 데시 따 까
250 **書類に サインを しませんでしたか。**

서류에 사인을 안 했어요?

단어 Pick ▸ 幸(さいわ)い 다행히, 다행스럽게도 ｜ 津波(つなみ) 지진해일 ｜ 運転(うんてん)する 운전하다 ｜ ファイル(file) 파일 ｜
バックアップ(backup)する 백업하다 ｜ 書類(しょるい) 서류 ｜ サイン(sign) 사인

표현 Pick

◦ **来(き)ませんでした/しませんでした** 来(く)る/する의 공손한 과거부정 표현으로,
'오지 않았습니다, 오지 않았어요', '하지 않았습니다, 하지 않았어요'라는 뜻이에요.

문화 Pick

지진해일(津波) 대피소 안내 표지판

의지/권유의 반말 | Episode **09** 🎧055

마 따 코 요 - 네
251 また 来ようね。 또 오자.

来(く)る의 의지형은 来(こ)よう로 '오자', する의 의지형은 しよう로 '하자'라는 뜻이에요.

콘 도 와 잇 쇼 니 코 요 -
252 今度は 一緒に 来よう。 이다음에는 같이 오자.

잇 쇼 니 다 이 엣 토 시 요 -
253 一緒に ダイエットしよう。 같이 다이어트하자.

카나라 즈 토 - 효 - 시 요 -
254 必ず 投票しよう。 꼭 투표하자.

도 - 시 요 -
255 どう しよう。 어떻게 하지?, 어쩌지?

단어 Pick ▶ また 또 | 今度(こんど) 이다음 | ダイエット(diet)する 다이어트하다 | 必(かなら)ず 반드시, 꼭 | 投票(とうひょう)する 투표하다 | どう 어떻게

표현 Pick

○ 来(こ)よう/しよう 来(く)る/する의 의지형으로 '오자', '하자'라는 뜻이에요. 상대방에게 권유나 제안을 할 때 쓰는 표현이죠. 물론 자신의 의지를 나타내기도 해요.

○ どう しよう 형태는 의지형이지만 '어떻게 하지?', '어쩌지?'라는 뜻으로, 어찌할 바를 모르고 망설일 때 혼잣말로 하는 말이에요.

문화 Pick

○ **일본의 정치** 일본은 의원내각제로 중의원과 참의원의 양원제를 채택하고 있어요. 내각 수반인 총리는 국회의원 중에서 선출되는 시스템이라서 대개 다수당의 당수가 총리로 임명돼요. 선거 투표 방법은 투표인의 주소, 이름, 투표 일시 등등이 기록된 투표 입장권을 가지고 투표소에서 투표 용지로 교환하여 투표하는 방식으로 이루어져요.

256
来週も 来ましょう。
라 이 슈 - 모　키 마 쇼 -

다음 주에도 옵시다.

来(く)る에 ましょう를 붙이면 来(き)ましょう로 '옵시다', する에 ましょう를 붙이면 しましょう로 '합시다'라는 공손한 표현이 돼요.

257
何時に 来ましょうか。
난 지 니　키 마 쇼 - 까

몇 시에 올까요?

258
みんなで 運動しましょう。
민 나 데　운 도 - 시 마 쇼 -

모두 다 함께 운동합시다.

259
一緒に 掃除しましょう。
잇 쇼 니　소 - 지 시 마 쇼 -

함께 청소합시다.

260
日本語で 自己紹介を しましょう。
니 홍 고 데　지 꼬 쇼 - 까이오　시 마 쇼 -

일본어로 자기소개를 합시다.

단어 Pick ▶ みんなで 모두 다 함께 │ 運動(うんどう)する 운동하다 │ 日本語(にほんご) 일본어 │ 〜で ~로 │ 自己紹介(じこしょうかい) 자기소개

표현 Pick

○ 来(き)ましょう '옵시다'라는 뜻으로 来(こ)よう(오자)의 공손한 표현이에요. 来(き)ましょう→来(き)ましょうか→来(き)ませんか 순으로 상대방에 대한 배려 정도가 강해져요.

○ しましょう '합시다'라는 뜻으로 しよう(하자)의 공손한 표현이에요. しましょう→しましょうか→しませんか 순으로 상대방에 대한 배려 정도가 강해져요.

261
췌 상 가 키 떼 이모-또 또 잇쇼니 데 까께마시 따
チェさんが 来て 妹と 一緒に 出掛けました。

최 씨가 와서 여동생과 함께 외출했어요.

> 来(く)る의 て형은 来(き)て로 '오고, 와서', する의 て형은 して로 '하고, 해서'로 동사로 문장을 연결할 때 써요.

263
렌 라꾸가 코 나 꾸떼 심 빠이데 스
連絡が 来なくて 心配です。 연락이 오지 않아서 걱정이에요.

264
에 - 가오 다 운로 - 도시떼 스 마호데 미마스
映画を ダウンロードして スマホで 見ます。

영화를 다운로드해서 스마트폰으로 봐요.

262
이시하라 상 가 키 떼 까라 키무라 상 가 키 마시 따
石原さんが 来てから 木村さんが 来ました。

이시하라 씨가 오고 나서 기무라 씨가 왔어요.

265
모 - 이찌도 카꾸닌시 떼 까라 압 푸로 - 도시마스
もう 一度 確認してから アップロードします。

한 번 더 확인하고 나서 업로드할게요.

단어 Pick ▸ 妹(いもうと) 여동생 | もう 一度(いちど) 한번 더 | 確認(かくにん)する 확인하다

표현 Pick

○ 来(き)て/して 来(く)る/する의 て형으로, '오고, 와서', '하고, 해서'라는 뜻이에요.

○ 가족 호칭 ❶ 일본은 남에게 내 가족 중 윗사람의 이야기를 할 때에도 경어를 쓰지 않아요. 그래서 집에서 가족끼리 호칭을 부를 때와 남에게 나의 가족을 말할 때의 호칭이 달라요.

호칭	나의 가족을 부를 때	나의 가족을 소개할 때	남의 가족을 높일 때
할아버지	おじいさん	祖父(そふ)	おじいさん
할머니	おばあさん	祖母(そぼ)	おばあさん
아버지	お父(とう)さん・パパ	父(ちち)	お父(とう)さん
어머니	お母(かあ)さん・ママ	母(はは)	お母(かあ)さん

Episode **12** 🎧058 | **진행/상태**

266 今 日本に 来て います。 지금 일본에 와 있어요. 〈상태〉
이마 니혼니 키 떼 이마스

て いる는 동사의 て형에 붙는다는 거 아시죠? して いる는 '하고 있다'라는 진행을 나타내지만, 来(き)て いる는 '와 있다'라는 상태의 지속을 나타낸다는 차이점이 있어요. 주의하세요.

267 バイトを 募集して います。 아르바이트를 모집하고 있어요. 〈진행〉
바 이 토 오 보슈-시 떼 이마스

268 コンビニで 買い物を して います。
콤 비 니 데 카 이 모노오 시 떼 이 마 스

편의점에서 장을 보고 있어요. 〈진행〉

269 兄は 結婚して います。 오빠는 결혼했어요. 〈*상태〉
아니 와 켁 꼰시 떼 이 마 스

270 今 何を して いますか。 지금 뭐 하고 있어요? 〈진행〉
이마 나니오 시 떼 이 마 스 까

단어 Pick ▶ 日本(にほん) 일본 | バイト 아르바이트 〈アルバイト의 준말〉 | 募集(ぼしゅう)する 모집하다 | コンビニ 편의점 〈コンビニエンス ストア의 준말〉 | 買(か)い物(もの)をする 장을 보다, 쇼핑을 하다 | 兄(あに) 형, 오빠 | 結婚(けっこん)する 결혼하다

표현 Pick

○ 来(き)て いる/して いる 来(き)て いる는 '(어딘가에) 와 있다, 와 있어'라는 뜻으로, 현재 어디에 와 있는 상태가 그대로 계속되고 있는 것을 나타내고, して いる는 '하고 있다, 하고 있어'라는 뜻으로, 동작이 진행되고 있는 것을 나타내요.

○ 結婚(けっこん)して います '결혼했어요'라는 뜻으로, 이 경우 して いる는 진행이 아닌 상태를 나타내요. 결혼한 상태가 현재까지 이어지고 있으므로 て いる를 써서 말해야 해요.

○ 가족 호칭 ❷

호칭	나의 가족을 부를 때	나의 가족을 소개할 때	남의 가족을 높일 때
형·오빠	お兄(にい)さん	兄(あに)	お兄(にい)さん
누나·언니	お姉(ねえ)さん	姉(あね)	お姉(ねえ)さん
남동생	이름	弟(おとうと)	弟(おとうと)さん
여동생	이름	妹(いもうと)	妹(いもうと)さん

보이는 실전 일본어

�֍ 겐토가 도서관에서 우연히 후배 소미를 만났어요. 059

겐토
콘슈-노　도요-비　요 깟 따라　잇쇼니
今週の　土曜日、よかったら　一緒に
이번 주　토요일에　괜찮으면　같이

보 란 티 아　시 나 이
ボランティア　しない？
자원봉사　안 할래?

소미
돈 나　보 란 티 아 데스 까
どんな　ボランティアですか。
어떤　자원봉사요?

겐토
각 꼬-안나이　아이 떼 와　아 메 리 카 징 가
学校案内。相手は　アメリカ人が
학교 안내.　상대는　미국인이

히또리 데　캉 꼬꾸 징 가　후따리
一人で、韓国人が　二人。
한 명이고　한국인이　두 명이야.

소미
야 리 마 스　쟈-　난 지 니　도 꼬 데
やります。じゃあ、何時に　どこで
할게요.　그럼,　몇 시에　어디에서

마 찌 아 와 세 시 마 쇼 - 까
待ち合わせしましょうか。
만날까요?

겐토
쥬-지 니　코 꼬　토 쇼 깐 노　마에 데
10時に　ここ　図書館の　前で
10시에　여기　도서관　앞에서

마 찌 아 와 세 스 루 노 와　도-
待ち合わせするのは　どう？
만나는 건　어때?

소미
이-데 스 요　쥬-지 마 데 니　키 마 스
いいですよ。10時までに　来ます。
좋아요.　10시까지　올게요.

단어 Pick

○ よかったら 괜찮다면, 좋다면
○ 学校案内(がっこうあんない) 학교 안내
○ 相手(あいて) 상대
○ アメリカ人(じん) 미국인
○ 韓国人(かんこくじん) 한국인
○ 二人(ふたり) 두 명
○ やります 하겠습니다, 할게요
○ 待(ま)ち合(あ)わせ (시간과 장소를 정하여) 약속하여 만나기로 함
○ ～で ~에서
○ ～までに ~까지

1 우리말을 보고 다음 표현들을 연결해서 문장을 완성해 보세요.

❶ 何 / する / 明日 / を / ?   내일 뭐 해?

_____

❷ 来ます / 一人 / もう / あとで   나중에 한 명 더 올 거예요.

_____

❸ もう / ことは / しません / 二度と / そんな   그런 일은 두 번 다시 안 해요.

_____

2 주어진 단어를 문장에 맞게 바꿔 보세요.

❶ 台風が _____   来る

태풍이 왔어.

❷ 必ず _____   投票する

꼭 투표합시다.

❸ 明日 うちに _____   来る

내일 우리 집에 안 올래?

정답 1.① 明日 何を する？

② あとで もう 一人 来ます。

③ そんな ことは もう 二度と しません。

2.① 来た。

② 投票しましょう。

③ 来ない？

보이는 일본, 일본문화

마루짱의 블로그
생생한 일본 현지 이야기

프로필 ▶   쪽지 ▶

이웃

category   ∧

– 전체보기

└ 일본 여행

└ 일본 생활

└ 일본 정보

tags   최근 | 인기

일본, 여행, 일본 편의점,
도시락, 일본 디저트, 쇼핑,
일본문화

신비롭고 매력적인 도시,

교토(京都)

일본의 옛 수도이자 천 년의 역사를 지닌 교토(京都)!

오사카 출장이 끝난 후, 그냥 돌아가기 아쉬운 마음에 교토로 향했습니다.

가장 먼저 향한 곳은 기모노(着物)와 유카타(浴衣) 체험을 할 수 있는 곳으로 유명한 가와라마치(河原町)였어요.

4천 엔대의 저렴한 의상부터 수만 엔을 호가하는 화려한 고급 기모노까지 준비돼 있었어요. 수백 가지 의상 중에서 가장 먼저 눈에 들어온 빨간색 기모노를 고르고 의상에 맞는 헤어와 예쁜 소품까지 세팅하고 거리로 나섰습니다.

선선한 날씨와 화창한 하늘, 모든 것이 완벽했던 일요일이라 거리와 가게마다 사람들로 넘쳐났어요.

아름다운 교토의 거리는 화려한 기모노를 입은 관광객들과 알록달록 눈길을 끄는 예쁜 디저트 가게로 가득했어요. 여행 온 기분에 들떠서 여기저기 카메라 셔터를 누르며 돌아다녔답니다.

　고급스러움이 묻어나는 오래된 신사(神社), 포렴(暖簾)을 드리운 소박한 가게들, 그리고 수많은 관광객. 단순히 교토의 거리를 걷는 것만으로도 일본 특유의 분위기를 만끽할 수 있었어요.

　하룻밤 머물며 느긋하게 구경하고 싶었지만, 비행기 시간은 무심하게 다가와, 다음을 기약하며 떨어지지 않는 발걸음을 옮겼습니다.

　간사이(関西) 지방의 꽃이라고도 할 수 있는 교토, 전통적인 아름다움과 화려한 세련미를 동시에 느낄 수 있는 정말 매력적인 도시랍니다!

보이는 일본어 **1그룹 동사** Chapter **06**

오 모 우
思う 생각하다

카 우
買う 사다

나 라 부
並ぶ 늘어서다

한눈에 보는 핵심 포인트

오모우
思う

오 모 이 마 스
思います

오 모 와 나 이
思わない

오 모 이 마 셍
思いません

오못 따
思った

오 모 이 마 시 따
思いました

오 모 와 나 깟 따
思わなかった

오 모 이 마 센 데 시 따
思いませんでした

히또 메 데 와 까 루 요
271 一目で 分かるよ。 한눈에 알겠어.

일본어 공부를 포기하게 만드는 일등공신(?)이 아마 1그룹 동사의 활용일 거예요. 서두르지 말고 차근차근 알아가도록 합시다. 1그룹 동사도 기본형으로 말하면 '~하다, ~해, ~할 거야'라는 뜻으로 현재나 미래 일을 나타낼 수 있어요.

코 레 카 우
272 これ 買う。 이거 살래.

지 분 니 하라가 타 쯔
273 自分に 腹が 立つ。 나 자신에게 화가 나.

가 소 린 다이 마이쯔끼 이꾸라구라이 카 까루
274 ガソリン代 毎月 いくらぐらい かかる? 기름값 매달 얼마 정도 들어?

이 쯔 카에루 노
275 いつ 帰るの? 언제 돌아가?

단어 Pick ▶ 一目(ひとめ) 한눈 | 分(わ)かる 알다, 이해하다 | 買(か)う 사다 | 自分(じぶん) 자신, 자기 | 腹(はら)が 立(た)つ 화나다 | ガソリン代(だい) 기름값 | 毎月(まいつき) 매월 | いくら 얼마, 어느 정도 | ~ぐらい ~정도, ~쯤 | かかる (비용이) 들다 | 帰(かえ)る 돌아가다, 돌아오다

표현 Pick

◦ **1그룹 동사** 1그룹 동사는 두 개의 유형으로 나누어져요. 표를 보고 잘 익혀 두세요.

① 끝 글자가 る로 끝나지 않는 동사		
買(か)う 사다	話(はな)す 말하다, 이야기하다	遊(あそ)ぶ 놀다
書(か)く (글씨를) 쓰다	待(ま)つ 기다리다	飲(の)む 마시다
泳(およ)ぐ 수영하다	死(し)ぬ 죽다	
② 끝 글자가 る로 끝나고 바로 앞이 あ단, う단, お단인 동사		
ある (식물·사물이) 있다	作(つく)る 만들다	乗(の)る (탈것에) 타다

◦ **帰(かえ)る** 帰(かえ)る는 끝 글자가 る로 끝나고, る 앞의 음이 え단 글자니까 2그룹 동사여야 하는데, 2그룹 동사의 모양을 한 1그룹 동사예요. 이런 동사들을 '예외 1그룹 동사'라고 하는데, 나올 때마다 외우는 수밖에 없어요.

要(い)る 필요하다	切(き)る 자르다	知(し)る 알다
入(はい)る 들어가다, 들어오다	走(はし)る 달리다	減(へ)る 줄다

스 구 이 끼 마 스
276 **すぐ 行きます。** 바로 갈게요.

1그룹 동사의 ます형은 기본형 끝 글자를 い단 글자로 바꾸고 ます를 붙이면 돼요. '~합니다, ~해요, ~할 거예요'라는 공손한 표현을 만들어요.

카 제 구스리오 노 미 마 스
277 **風邪薬を 飲みます。** 감기약을 먹어요.

파 스 와 - 도 가 찌가이 마 스
278 **パスワードが 違います。** 패스워드가 틀려요.

아 또 줍 뿐 데 에 - 가 가 하지마리마스 요
279 **あと 10分で 映画が 始まりますよ。** 앞으로 10분 뒤에 영화가 시작돼요.

이찌니찌 낭 키 로 하시리 마 스 까
280 **一日 何キロ 走りますか。** 하루에 몇 km 달려요?

단어 Pick すぐ 바로, 곧, 즉시 | 行(い)く 가다 | 風邪薬(かぜぐすり) 감기약 | 飲(の)む (약을) 먹다 | パスワード(password) 패스워드 | 違(ちが)う 틀리다 | あと(後) 앞으로 | 10分(じゅっぷん・じっぷん) 10분 | 始(はじ)まる 시작되다 | 一日(いちにち) 하루 | 何(なん) 몇 | キロ 킬로미터, km〈キロメートル의 준말〉 | 走(はし)る 달리다, 뛰다〈예외 1그룹 동사〉

표현 Pick

○ **ます** 1그룹 동사의 ます형은 끝 글자를 い단 글자로 바꾸고 ます를 붙여요.

行(い)く 가다		行(い)きます 갑니다
飲(の)む (약)을 먹다	끝 글자를 い단으로 바꾸고	飲(の)みます (약)을 먹습니다
違(ちが)う 틀리다	+ます →	違(ちが)います 틀립니다
始(はじ)る 시작하다		始(はじ)ります 시작됩니다

○ **風邪薬** '風邪(かぜ: 감기)'와 '薬(くすり: 약)'가 결합된 말이에요. 일본어에는 단어와 단어가 결합되어 하나의 단어를 이룰 경우, 뒤에 오는 단어가 탁음이 되는 경우가 많이 있어요. 그리고 '약을 먹다'라는 표현은 薬(くすり)を 飲(の)む라고 표현하니까 주의하세요.

○ **ますか** 'ます+か' 형태로 '~합니까?, ~해요?, ~할 거예요?'라는 질문을 나타내요.

마 우 스 가　우고 까 나 이
281 マウスが 動かない。 마우스가 작동하지 않아.

1그룹 동사의 ない형은 기본형 끝 글자를 あ단 글자로 바꾸고 ない를 붙이면 돼요. '~하지 않다, ~하지 않아, ~하지 않을 거야'라는 부정 표현을 만들어요.

케쯔아쯔가　사 가 라 나 이
282 血圧が 下がらない。 혈압이 내려가지 않아.

타까라 꾸 지 와　카 와 나 이
283 宝くじは 買わない。 복권은 안 사.

츳 따　사까나니　에사　야 라 나 이 요
284 釣った 魚に 餌 やらないよ。 잡은 물고기에게 먹이 안 줘.

망 가　요 마 나 이
285 漫画 読まない？ 만화 안 봐?

단어 Pick ▶ マウス(mouse) 마우스 ┃ 動(うご)く 움직이다, (기계가) 작동하다 ┃ 血圧(けつあつ) 혈압 ┃ 下(さ)がる 내려가다 ┃ 宝(たから)くじ 복권 ┃ 釣(つ)る 낚다, (낚시·도구로) 잡다 ┃ 餌(えさ) 먹이 ┃ やる (동식물에게) 주다 ┃ 漫画(まんが) 만화 ┃ 読(よ)む 읽다

표현 Pick

○ **ない** 동사에 붙어 '~하지 않다, ~하지 않아, ~하지 않을 거야'라는 부정 표현을 만들어요. 1그룹 동사에 ない를 붙이려면 끝 글자를 あ단 글자로 바꾸고 ない를 붙이면 돼요. 그리고 'ない(↗)'라고 말끝을 부드럽게 올리면 '~하지 않아?, ~하지 않을 거야?'라는 질문이 되는데, 문맥에 따라 '~하지 않을래?'라는 권유 표현이 되기도 해요.

動(うご)く 움직이다		動(うご)かない 움직이지 않다
下(さ)がる 내려가다		下(さ)がらない 내려가지 않다
買(か)う 사다	끝 글자를 あ단으로 바꾸고 +ない →	買(か)わない 사지 않다
やる 하다		やらない 하지 않다
読(よ)む 읽다		読(よ)まない 읽지 않다

Episode 04 | 부정의 존댓말

286 彼とは 性格が 合いません。
카레 또 와 세-까꾸 가 아이마 셍
그와는 성격이 맞지 않아요.

> ません이 ます(~합니다)의 부정형인 건 이제 아시죠? '~하지 않습니다, ~하지 않아요, ~하지 않을 거예요'라는 뜻이죠.
> 다행스럽게도 1그룹 동사도 ません 만드는 법은 ます형 만드는 법과 똑같아요.

287 人に 絶対 話しません。
히또니 젯 따이 하나시마 셍
다른 사람한테 절대 말 안 할게요.

288 もう バイクに 乗りません。
모- 바이쿠니 노리마 셍
이제 오토바이를 안 타요.

289 この ホテルには 泊まりません。
코 노 호테루니와 토마리마 셍
이 호텔에는 묵지 않을 거예요.

290 キムさんが 来るまで カフェで 待ちませんか。
키무 상 가 쿠루마데 카 훼 데 마찌마 셍 까
김 씨가 올 때까지 카페에서 기다리지 않을래요?

단어 Pick ▶ 性格(せいかく) 성격 | 合(あ)う 맞다 | 人(ひと) 사람, 다른 사람 | ～に ~에, ~에게 | 話(はな)す 말하다, 이야기하다 |
バイク 바이크 | 乗(の)る (탈것에) 타다 | ホテル(hotel) 호텔 | 泊(と)まる 묵다, 숙박하다 | ～まで ~까지 | カフェ
(cafe) 카페 | 待(ま)つ 기다리다

표현 Pick

- **ません** 동사에 붙어 '~하지 않습니다, ~하지 않아요, ~하지 않을 거예요'라는 공손한 부정
표현을 만들어요. ます와 연결 방법이 똑같아요.

- **に 乗(の)る** '(탈것에) 타다'라는 뜻의 동사 乗(の)る는 앞에 반드시 조사 に를 써요. 또 '만
나다'라는 뜻의 동사 会(あ)う도 조사 に를 쓰죠. '~을 만나다'라고 해서 조사 を를 쓰는 분들
이 있는데 틀린 표현이에요. に 乗(の)る, に 会(あ)う라고 통째로 익혀 두세요.

- **まで vs までに** 우리말로는 둘 다 '~까지'로 해석되지만 큰 차이가 있어요. 동작을 예로
들면 まで는 어떤 행위가 그 시간까지 계속되는 것을 나타내고, までに는 어떤 행위가 그
시간까지는 꼭 완료가 되어야 하는 것을 나타내요.

- **ませんか** '~하지 않아요?, ~하지 않을 거예요?'라는 공손한 부정 표현이에요. ませんか는
문맥에 따라 권유를 나타낼 때도 있어요. 그때는 '~하지 않을래요?'라는 뜻이 돼요.

Chapter 06 보이는 동사 1그룹 | 109

291 お腹、空いた。 배고파.
오 나까 스 이 따

1그룹 동사의 た형은 네 가지 유형으로 나뉘어요. '~했다, ~했어'라는 과거 표현을 만들죠. 그럼 た형의 네 가지 유형을 알아볼까요?

292 やっと 終わった。 겨우 끝났어.
얏 또 오 왓 따

293 プールで 泳いだ。 수영장에서 수영했어.
푸-루데 오요이 다

294 公園を 3周 歩いた。 공원을 세 바퀴 걸었어.
코-엔오 산슈- 아루이 따

295 ほんとに 助かった。 정말 살았어[도움이 됐어].
혼 또니 타스 깟 따

단어 Pick お腹(なか) 배 | 空(す)く 허기지다 | やっと 겨우, 간신히, 가까스로 | 終(お)わる 끝나다 | プール(pool) 풀, 수영장 | 泳(およ)ぐ 수영하다 | 〜周(しゅう) ~바퀴 | 歩(ある)く 걷다 | 助(たす)かる 살아나다, 도움이 되다

표현 Pick

○ お腹(なか) 空(す)いた。 지금 '배가 고픈 상태'인데 과거형으로 말하는 이유는 허기가 조금씩 쌓여 온 결과 지금 배가 고픈 상태가 되었으므로 과거형으로 말하는 거예요.

○ た 1그룹 동사의 た형은 네 가지 유형으로 나누어져요. 표를 보고 잘 익혀 두세요.

① 끝 글자가 う・つ・る인 동사	会(あ)う 만나다 待(ま)つ 기다리다 終(お)わる 끝나다	끝 글자를 っ으로 바꾸고+た →	会(あ)った 만났다 待(ま)った 기다렸다 終(お)わった 끝났다
② 끝 글자가 ぬ・ぶ・む인 동사	死(し)ぬ 죽다 遊(あそ)ぶ 놀다 飲(の)む 마시다	끝 글자를 ん으로 바꾸고+だ →	死(し)んだ 죽었다 遊(あそ)んだ 놀았다 飲(の)んだ 마셨다
③ 끝 글자가 く・ぐ인 동사	歩(ある)く 걷다 泳(およ)ぐ 수영하다 行(い)く 가다 *예외	끝 글자를 い로 바꾸고+た/だ →	歩(ある)いた 걸었다 泳(およ)いだ 수영했다 行(い)った 갔다
④ 끝 글자가 す인 동사	話(はな)す 말하다, 이야기하다	끝 글자를 し로 바꾸고+た →	話(はな)した 말했다, 이야기했다

Episode **06** 065

296
얏 또 카레노 나마에오 오모이다시마시따
やっと 彼の 名前を 思い出しました。

겨우 그의 이름이 생각났어요.

ました는 ます(~합니다)의 공손한 과거 표현이에요. '~했습니다, ~했어요'라는 뜻이죠. ました 만드는 법도 ます형 만드는 법과 똑같아요.

297
카미니 나마에또 쥬-쇼오 카끼마시따
紙に 名前と 住所を 書きました。 종이에 이름과 주소를 썼어요.

298
스마호와 포켓 토노 나까니 아리마시따
スマホは ポケットの 中に ありました。

스마트폰은 주머니 안에 있었어요.

299
와따시노 토모다찌와 각꼬-노 센세-니 나리마시따
私の 友達は 学校の 先生に なりました。

내 친구는 학교 선생님이 되었어요.

300
메-루오 오꾸리마시따까
メールを 送りましたか。 메일을 보냈어요?

단어 Pick ▶ 名前(なまえ) 이름 │ 思(おも)い出(だ)す 생각해내다 │ 紙(かみ) 종이 │ 住所(じゅうしょ) 주소 │ 書(か)く (글씨를)
쓰다 │ ポケット(pocket) 포켓, 주머니 │ 中(なか) 안, 속 │ ある 있다 〈사물·식물의 존재〉 │ 学校(がっこう) 학교 │ 先生(せん
せい) 선생님 │ ~になる ~이 되다 │ 送(おく)る 보내다, 부치다

표현 Pick

○ **ました** 동사에 붙어 '~했습니다, ~했어요'라는 공손한 과거 표현을 만들어요. ます와 연결
방식이 똑같아요.

○ **ある** 식물이나 사물, 건물 등 생명이 없고 움직이지 못하는 것이 '있다'라고 말할 때에는 あ
る라는 동사를 써요. 반대말은 ない로, '(식물·사물이) 없다'라는 뜻이에요. あらない라고
하지 않아요. 여기서 다시 한 번 복습! 사람이나 동물 등 생명이 있는 것이 '있다'라고 말할 때
에는 いる를 씁니다.

301 젠 젠 키 가 츠 까 나 깟 따
全然 気が 付かなかった。 전혀 눈치 못 챘어.

なかった는 た의 과거부정 표현이에요. '~하지 않았다, ~하지 않았어'라는 뜻이죠. ない형 만드는 법과 똑같아요. 정말 다행이에요.

302 오-끼- 이에 낭 까 이라나 깟 따
大きい 家なんか 要らなかった。 큰 집 같은 거 필요 없었어.

303 카-도와 이찌마이시까 츠까와나 깟 따
カードは 一枚しか 使わなかった。 카드는 한 장밖에 안 썼어.

304 카레가 한닌다 난 떼 오모와나 깟 따
彼が 犯人だなんて 思わなかった。 그가 범인이라니 생각 못 했어.

305 나니모 시 라 나 깟 따노
何も 知らなかったの？ 아무것도 몰랐어?

단어 Pick ▸ 気(き)が 付(つ)く 깨닫다, 눈치 채다, 알아차리다 | ~なんか ~등, ~따위 | 要(い)る 필요하다〈예외 1그룹 동사〉 | 카드(card) 카드 | ~枚(まい) ~장〈얇고 평평한 것을 셀 때〉 | ~しか ~밖에 | 使(つか)う 사용하다 | 犯人(はんにん) 범인 | ~なんて ~이라니 | 思(おも)う 생각하다 | 何(なに)も 아무것도 | 知(し)る 알다

표현 Pick

◦ **なかった** 동사에 붙어 '~하지 않았다, ~하지 않았어'라는 부정 표현을 만들어요. ない와 똑같이 연결해요.

◦ **知(し)る vs 分(わ)かる** 둘 다 '알다'라는 뜻인데, 知(し)る는 새로운 지식의 습득이라는 것에 중점을 두고, 分(わ)かる는 지식의 이해와 파악에 중점을 둔다는 차이가 있어요. 알쏭달쏭한 知(し)る와 分(わ)かる의 차이점 이제 아시겠죠?

덴 끼 오 케 시 마 센 데 시 따
306 **電気を 消しませんでした。** 불을 끄지 않았어요.

ませんでした는 ません의 공손한 과거 표현이에요. '~하지 않았습니다, ~하지 않았어요'라는 뜻이죠. ます형 만드는 법과 똑같아요.

화 이루가 미쯔 까리마 센 데 시 따
307 **ファイルが 見つかりませんでした。** 파일을 못 찾았어요.

베 란 다 데 와 타 바 코 오 스이마 센 데 시 따
308 **ベランダでは たばこを 吸いませんでした。**

베란다에서 담배를 피우지 않았어요.

아 니 메 니 젠 젠 쿄 -미가 아 리 마 센 데 시 따
309 **アニメに 全然 興味が ありませんでした。**

애니메이션에 전혀 흥미가 없었어요.

카 라 오 케 데 우 따 오 우 따 이 마 센 데 시 따 까
310 **カラオケで 歌を 歌いませんでしたか。**

노래방에서 노래를 부르지 않았어요?

단어 Pick ▶ 電気(でんき) 전등 | 消(け)す (불을) 끄다 | 見(み)つかる 찾던 것을 찾(게 되)다, 발견되다 | ベランダ(veranda) 베란다 | ~では ~에서는 | たばこ 담배 | 吸(す)う 들이마시다, 빨아들이다 | アニメ 애니메이션, 만화영화〈アニメーション의 준말〉| 興味(きょうみ) 흥미 | カラオケ 노래방 | 歌(うた) 노래 | 歌(うた)う (노래를) 부르다

표현 Pick

○ **ませんでした** 동사에 붙어 '~하지 않았습니다, ~하지 않았어요'라는 공손한 부정 표현을 만들어요. ます와 연결 방식이 똑같아요.

○ **カラオケ** '빔, 거짓, 헛됨'의 뜻인 空(から)와 オーケストラ(orchestra: 오케스트라)의 준말인 オケ가 결합된 말로, 주로 カラオケ라고 가타카나로 많이 표기해요.

마 따 아 오 우 네
311 **また 会おうね。** 또 만나자.

1그룹 동사의 의지형은 기본형 끝 글자를 お단 글자로 바꾸고 う를 붙이면 돼요. '~하자'라는 뜻이에요. 2그룹 동사의 よ
う와 같은 표현이죠.

료 - 리 오 나라오 -
312 **料理を 習おう。** 요리를 배우자.

민 나 데 타노시 꾸 하따라 꼬 -
313 **みんなで 楽しく 働こう。** 모두 다 함께 즐겁게 일하자.

잇 쇼니 텐 랑 까이니 이 꼬 -
314 **一緒に 展覧会に 行こう。** 전람회에 같이 가자.

오 이 시 - 팡 오 츠꾸로 -
315 **おいしい パンを 作ろう。** 맛있는 빵을 만들자.

단어 Pick ▶ 会(あ)う 만나다 ┃ 習(なら)う 배우다 ┃ 楽(たの)しい 즐겁다 ┃ 働(はたら)く 일하다 ┃ 展覧会(てんらんかい) 전람회 ┃

パン 빵 ┃ 作(つく)る 만들다

표현 Pick

○ う 동사에 붙어 '~하자'라는 의지 표현을 만들어요. 권유나 제안할 때 쓰고, 물론 자신의 의
지를 나타내기도 해요. 2그룹 동사의 よう와 같은 표현이죠. 1그룹 동사의 의지형은 끝 글자
를 お단 글자로 바꾸고 う를 붙어요.

会(あ)う 만나다		会(あ)おう 만나자
働(はたら)く 일하다	끝 글자를 お단으로	働(はたら)こう 일하자
飲(の)む 마시다	바꾸고+う →	飲(の)もう 마시자
作(つく)る 만들다		作(つく)ろう 만들자

316 **ちょっと 休みましょう。** 잠깐 쉽시다.
^촛 ^또 ^{야스미마} ^{쇼 -}

> ましょう는 う의 공손한 표현이에요. '~합시다'라는 뜻이죠. ます형과 만드는 법이 똑같아요.

317 **さあ、急ぎましょう。** 자, 서두릅시다.
^{사 -} ^{이소기마 쇼 -}

318 **自然を 守りましょう。** 자연을 지킵시다.
^{시 젱오} ^{마모리마 쇼 -}

319 **一緒に 資料を 探しましょう。** 함께 자료를 찾읍시다.
^{잇 쇼니} ^{시료-오} ^{사가시마 쇼 -}

320 **何か 手伝いましょうか。** 뭔가 도울까요?
^{나니 까} ^{테쯔다이마 쇼 - 까}

단어 Pick ▶ ちょっと 좀, 조금 | 休(やす)む 쉬다 | 急(いそ)ぐ 서두르다 | 自然(しぜん) 자연 | 守(まも)る 지키다 | 探(さが)す 찾다 | 何(なに)か 무엇인가, 뭔가 | 手伝(てつだ)う 돕다, 거들다

표현 Pick

○ **ましょう** 동사에 붙어 '~합시다'라는 공손한 표현을 만들어요. う의 공손한 표현이죠. ます와 똑같이 연결하고, 상대방에 대한 배려 정도는 ましょう→ましょうか→ませんか 순으로 강해져요.

○ **어휘 늘리기**

自然(しぜん) 자연	山(やま) 산	川(かわ) 강	海(うみ) 바다
動物(どうぶつ) 동물	鳥(とり) 새	虫(むし) 벌레	魚(さかな) 물고기
植物(しょくぶつ) 식물	木(き) 나무	草(くさ) 풀	花(はな) 꽃

후네 니　놋 떼 카와오　와따리 마 시 따
321 **船に 乗って 川を 渡りました。**

배를 타고 강을 건넜어요.

1그룹 동사의 て형은 동사로 문장을 연결할 때 써요. '~하고, ~해서'라는 뜻으로, た형 만드는 법과 똑같아요.

유까오　후이떼　오후로데 조-킹오　아라이 마 시 따
322 **床を 拭いて お風呂で 雑巾を 洗いました。**

바닥을 닦고 욕실에서 걸레를 빨았어요.

미즈께오　톳 떼 후 라 이 판 니 노세마스
323 **水気を 取って フライパンに 載せます。**

물기를 제거하고 프라이팬에 올려요.

토모다찌니　앗 떼 콘 사-토니 이 끼 마 시 따
324 **友達に 会って コンサートに 行きました。**

친구를 만나서 콘서트에 갔어요.

테오　츠나이데 코-엔오　마와리 마 시 따
325 **手を つないで 公園を 回りました。** 손을 잡고 공원을 돌았어요.

単어 Pick ▶ 船(ふね) 배 | 川(かわ) 강 | 渡(わた)る 건너다 | 床(ゆか) 바닥 | 拭(ふ)く 닦다 | お風呂(ふろ) 욕실 | 雑巾(ぞう きん) 걸레 | 洗(あら)う 빨다, 세탁하다 | 水気(みずけ) 수분, 물기 | 取(と)る 제거하다 | フライパン(fry pan) 프라이팬 | 載(の)せる 위에 놓다, 올리다 | 手(て)をつなぐ 손을 잡다 | 回(まわ)る 돌다

表현 Pick

○ て 동사에 붙어 '~하고, ~해서'라는 뜻을 만들어요. 동사로 문장을 연결할 때 쓰죠. 1그룹 동사의 て형은 た와 똑같이 연결해요. 즉, た형에서 글자 た를 て로 바꾸면 돼요. p.110의 표를 참고해 주세요.

유 - 베 까 라   유끼 가   훗 떼   이루
326 **ゆうべから 雪が 降って いる。**

어젯밤부터 눈이 내리고 있어. 〈진행〉

て いる는 '~하고 있다, ~하고 있어'라는 뜻으로 동작의 진행과 상태를 나타낼 때 써요.

이마   리레끼쇼 오   카 이 떼   이마스
327 **今 履歴書を 書いて います。** 지금 이력서를 쓰고 있어요. 〈진행〉

코 도모따 찌와   민 나   타노시꾸   겡 끼니   아손 데   이 마스
328 **子供たちは みんな 楽しく 元気に 遊んで います。**

아이들은 모두 즐겁고 활기차게 놀고 있어요. 〈진행〉

니와 데   사꾸라 가   사 이 떼   이 마스
329 **庭で 桜が 咲いて います。** 마당에 벚꽃이 피어 있어요. 〈상태〉

이마   오 - 사까 니   슨 데   이 마스
330 **今 大阪に 住んで います。** 지금 오사카에 살고 있어요. 〈상태〉

단어 Pick ▶ 雪(ゆき) 눈 | 降(ふ)る (비·눈 등이) 내리다, 오다 | 履歴書(りれきしょ) 이력서 | 子供(こども)たち 아이들 | 遊(あそ)ぶ 놀다 | 庭(にわ) 마당 | 桜(さくら) 벚꽃 | 咲(さ)く (꽃이) 피다 | 住(す)む 살다, 거주하다

표현 Pick

○ **て いる** '~하고 있다, ~하고 있어'라는 뜻으로, 동작의 진행과 상태를 나타내요. 접속은 て형에 붙어요. 일상회화에서는 い를 생략하고 てる로 말하는 경우가 많아요.

降(ふ)って いる	→	降(ふ)ってる 내리고 있다 〈진행〉
書(か)いて います	→	書(か)いてます 쓰고 있습니다 〈진행〉
遊(あそ)んで います	→	遊(あそ)んでます 놀고 있습니다 〈진행〉
咲(さ)いて います	→	咲(さ)いてます 피어 있습니다 〈상태〉
住(す)んで います	→	住(す)んでます 살고 있습니다 〈상태〉

✽ 민규가 교내 잔디밭에 앉아 무언가 읽고 있는 선배 에이타를 보고 말을 걸어요. 072

민규 나니오 욘 데마스 까
何を 読んでますか。
뭘 읽고 있어요?

에이타 아 - 지도-샤 노 잣시
ああ、自動車の 雑誌。
아~,　　자동차 잡지.

코 노 쿠루마 도 - 오모 -
この 車 どう 思う？
이　　　차　　어떻게 생각해?

민규 칵 꼬이 - 데스네 이마 우레 떼루
かっこいいですね。今 売れてる
멋지네요.　　　　지금 (잘) 팔리고 있는

모데루 난 데스 까
モデルなんですか。
모델이에요?

에이타 이 야 라이게쯔 까 라 노 함 바이 닷 떼
いや、来月からの 販売だって。
아니,　　판매는 다음 달부터래.

민규 소 - 난 데스 까
そうなんですか。
그렇군요.

소 노 잣시 콤 비 니데 캇 딴 데스 까
その 雑誌 コンビニで 買ったんですか。
그　　잡지　편의점에서　　　샀어요?

에이타 이 야 모 - 타 - 쇼 - 데 모 랏 딴 다
いや、モーターショーで もらったんだ。
아니　　모터쇼에서　　　　받았어.

민규 모 - 타 - 쇼 - 데 와 바이쿠모 미 마 시 따 까
モーターショーでは バイクも 見ましたか。
모터쇼에서는　　　　오토바이도　봤어요?

에이타 모 찌 론 다 요
もちろんだよ。
물론이지.

단어 Pick

- 自動車(じどうしゃ) 자동차
- 雑誌(ざっし) 잡지
- 車(くるま) 차, 자동차
- かっこいい 근사하다, 멋있다
- 売(う)れる (잘) 팔리다
- モデル(model) 모델
- いや 아니
- 販売(はんばい) 판매
- ～だって ~대, ~(이)래
- モーターショー 모터쇼
- もらう 받다
- バイク(bike) 바이크, 오토바이
- もちろん 물론

1 동사의 ます형과 て형을 써 보세요.

	ます형	て형

❶ 書^かく

❷ 会^あう

❸ 泳^{およ}ぐ

❹ 行^いく

❺ 思^{おも}い出^だす

❻ 飲^のむ

2 우리말을 보고 주어진 단어를 이용해서 문장을 만들어 보세요.

❶ 자연을 지킵시다. 自然^{しぜん} / 守^{まも}る

❷ 스마트폰은 주머니 안에 있었어요. ポケット / ある

❸ 벚꽃이 피어 있어요. 桜^{さくら} / 咲^さく

정답 1.① 書^かきます / 書^かいて

② 会^あいます / 会^あって

③ 泳^{およ}ぎます / 泳^{およ}いで

④ 行^いきます / 行^いって

⑤ 思^{おも}い出^だします / 思^{おも}い出^だして

⑥ 飲^のみます / 飲^のんで

2.① 自然^{しぜん}を 守^{まも}りましょう。

② スマホは ポケットの 中^{なか}に ありました。

③ 桜^{さくら}が 咲^さいて います。

마루짱의 블로그
생생한 일본 현지 이야기

프로필 ▶ 쪽지 ▶

이웃

category ∧

- 전체보기

└ 일본 여행

└ 일본 생활

└ 일본 정보

tags 　최근 | 인기

일본, 여행, 일본 편의점,
도시락, 일본 디저트, 쇼핑,
일본문화

영화 속 한 장면 같은

나카메구로(中目黒),

그리고 다이칸야마(代官山)

봄이 되면 수많은 사람으로 북적이는 나카메구로(中目黒).

일본을 잘 모르는 사람들도 한 번쯤은 사진으로 봤을 법한 나카메구로는 일본의 하나미(花見: 벚꽃놀이) 하면 가장 먼저 떠오르는 곳이에요.

일본 특유의 고즈넉한 분위기로 데이트 장소로도 유명한 곳이라 특별히 할 일 없던 주말 오후, 기분 전환도 할 겸 나카메구로로 향했습니다.

커피 한 잔을 들고 소박한 가옥과 카페가 늘어선 나카메구로강을 따라 걸으니 마치 영화 속 주인공이 된 듯한 기분이 들었어요. 화려하진 않지만 운치 있는 거리, 그곳에서 볼 수 있는 소소한 일본인들의 일상. 이곳에 있다 보면 특별한 무언가를 하지 않아도 한 주간의 스트레스가 모두 풀리는 느낌이 든답니다.

천천히 걷다 보니 어느새 다이칸야마(代官山)에 도착했어요.

골목마다 자리 잡은 감각적인 편집샵, 지나가는 사람들의 발길을 멈추게 했던 예쁜 카페, 시야에 들어온 모든 장면이 작품과도 같은 이곳. 세련됨과 빈티지함이 공존하는, 마치 영화 세트장을 그대로 구현해 놓은 듯한 풍경에 한참을 눈을 뗄 수 없었습니다.

나카메구로(中目黒)와 다이칸야마(代官山)는 화려함의 상징인 시부야(渋谷)와 불과 10분밖에 떨어져 있지 않은 곳인데도 마치 다른 세계에 온 것 같은 착각이 들 정도로 조용하고 신비한 매력이 넘치는 곳이에요. 시끌벅적한 도시에서 벗어나 잠깐의 여유를 즐기고 싶다면 한번 들러 보세요.

코 꼬데 타바꼬오 슷 떼와
ここで たばこを 吸っては

이 께마 셍
いけません。

여기에서 담배를 피우면 안 돼요.

하이 라 나 이 데 쿠 다 사 이
入らないで ください。

들어가지 마세요.

보이는 일본어 동사 응용 표현 Chapter 07

동사 활용이 녹아든 표현들

지금까지 공부한 내용들을 토대로 일본어 스펙을 좀 더 쌓아 보도록 해요.
일본 드라마나 예능 방송에서 자주 들었을 법한 기초 표현들을 모았어요.
앞에서 공부한 내용들을 복습할 좋은 기회가 될 거예요.

코꼬오 미떼 쿠다사이
ここを 見て ください。
여기를 봐 주세요.

한눈에 보는 핵심 포인트

떼 쿠다사이
~て ください

떼모 이-데스
~ても いいです

떼와 이께마셍
~ては いけません

나께레바 나리마셍
~なければ なりません

따 호-가 이-데스
~た ほうが いいです

따 코또가 아리마스
~た ことが あります

따이데스
~たいです

떼 미마스
~て みます

331 気を 付けて ください。
키 오 츠께떼 쿠 다 사 이
조심하세요.

て ください는 남에게 권유, 의뢰, 가벼운 지시를 할 때 쓰는 표현이에요. 친한 사이에서는 뒤에 있는 ください를 생략하고 말하는 경우도 많아요.

332 ボタンを 押して ください。
보 탕 오 오시떼 쿠 다 사 이
버튼을 눌러 주세요.

333 ビールを 買って きて ください。
비 - 루 오 캇 떼 키 떼 쿠 다 사 이
맥주를 사 오세요.

334 添付ファイルを クリックして ください。
템부 화 이루 오 쿠 릭 쿠시떼 쿠 다 사 이
첨부 파일을 클릭해 주세요.

335 右に 曲がって まっすぐ 行って ください。
미 기 니 마 갓 떼 맛 스구 잇 떼 쿠 다 사 이
오른쪽으로 돌아 곧장 가세요.

단어 Pick 　気(き)を 付(つ)ける 조심하다, 주의하다 | ボタン 버튼 | 押(お)す 누르다 | ビール(beer) 맥주 | 添付(てんぷ)ファイル(file) 첨부 파일 | クリック(click) 클릭 | 右(みぎ) 오른쪽 | 曲(ま)がる (방향을)돌다 | まっすぐ 곧장, 똑바로

표현 Pick

○ て ください　て형에 연결되는 표현으로, '~해 주십시오, ~해 주세요'라는 뜻이에요. 남에게 권유, 의뢰, 가벼운 지시를 할 때 써요. 친한 사이에서는 뒤에 있는 ください(주세요)를 생략하고 て 형태로 말하는 경우도 많아요. 이때 해석은 '~해 줘'라고 하면 돼요.

○ ビール　ビール는 '맥주'이고, ビル는 ビルディング(building)의 준말로 '빌딩, 건물'을 뜻해요. 3음절이냐 2음절이냐에 따라서 그 뜻이 완전히 달라지니 장단음 발음에 특히 조심하세요.

간 찌가이 시 나 이 데　쿠 다 사 이
336 勘違いしないで ください。 착각하지 마세요.

남에게 무언가를 하지 않도록 부탁할 때에는 ないで ください를 쓰면 돼요.

지 붕 오　세 메 나 이 데　쿠 다 사 이
337 自分を 責めないで ください。 자책하지 마세요.

바 까 나　코 또　이 와 나 이 데　쿠 다 사 이
338 バカな こと 言わないで ください。 어처구니없는 소리 하지 마세요.

소　화　-니　메 가 네 오　오 까 나 이 데　쿠 다 사 이
339 ソファーに 眼鏡を 置かないで ください。

소파에 안경을 두지 마세요.

코 노　화　이 루 와　사 꾸 죠 시 나 이 데　쿠 다 사 이
340 この ファイルは 削除しないで ください。

이 파일은 삭제하지 마세요.

단어 Pick ▪ 勘違(かんちがい) 착각, 오해 │ 責(せ)める 책망하다, 괴롭히다 │ バカ 어처구니없음 │ 言(い)う 말하다 │ ソファー (sofa) 소파 │ 眼鏡(めがね) 안경 │ 置(お)く 놓다, 두다 │ 削除(さくじょ) 삭제

표현 Pick

○ ないで ください ない형에 연결되는 표현으로 '~하지 마십시오, ~하지 말아 주세요'라는 뜻이에요. て ください의 부정 표현이죠. 남에게 무언가를 하지 않도록 부탁하는 표현으로, 문장 내용에 따라서 금지를 나타내기도 해요.

○ 어휘 늘리기

フォルダー 폴더	開(ひら)く 열다
閉(と)じる 닫다	保存(ほぞん) 저장
復元(ふくげん) 복원	添付(てんぷ) 첨부

샤 싱 오 톳 떼모 이- 데 스
341 **写真を 撮っても いいです。** 사진을 찍어도 돼요.

남에게 어떤 일을 해도 좋다고 허락할 때에는 ても いいです라는 표현을 써서 말해 보세요.

펫 토 오 츠레떼 키 떼모 이- 데 스
342 **ペットを 連れて きても いいです。**

애완동물을 데려와도 돼요.

코 노 에 마찌우께니 츠깟 떼모 이- 요
343 **この 絵、待ち受けに 使っても いいよ。**

이 그림, 바탕화면으로 써도 돼.

토 이 레 오 카 리 떼모 이- 데 스 까
344 **トイレを 借りても いいですか。** 화장실 써도 돼요?

토나리 니 스왓 떼모 이- 데 스 까
345 **隣に 座っても いいですか。** 옆에 앉아도 돼요?

단어 Pick ▶ 撮(と)る (사진을) 찍다 | ペット(pet) 펫, 애완동물 | 連(つ)れる 데리고 오다 | 絵(え) 그림 | 待(ま)ち受(う)け
(PC·스마트폰의) 바탕화면〈待(ま)ち受(う)け画面(がめん)의 준말〉 | トイレ(toilet) 화장실 | 借(か)りる 빌리다 | 隣(となり) 옆
| 座(すわ)る 앉다

표현 Pick

○ **ても いいです** て형에 연결되는 표현으로 '~해도 좋습니다, ~해도 좋아요'라는 뜻이에
요. 남에게 무언가를 허가할 때 써요. '허가'를 내리는 표현이라서 윗사람에게는 쓰지 않아요.
ても いいですか라고 하면 '~해도 좋습니까?, ~해도 되나요?'라는 뜻으로 허가를 요구하는
표현이 돼요.

○ **トイレ** トイレ는 トイレット(toilet), トイレットルーム(toilet room)의 준말이에요. お手
洗(てあら)い, 化粧室(けしょうしつ)도 모두 같은 뜻으로 쓰이는데요, 백화점이나 분위기 좋은
레스토랑에서는 お手洗(てあら)い나 化粧室(けしょうしつ)라고 해 놓은 곳이 많아요.

요 야꾸 시 나 꾸 떼 모   이 -
346 **予約しなくても いい?** 예약하지 않아도 돼?

남에게 어떤 일을 하지 않아도 된다고 말하고 싶을 때에는 なくても いい라는 표현을 써서 말해 보세요. 상대방에게 뭔가를 확인받고 싶을 때에는 말끝을 올려서 'なくても いい(↗)'라고 하면 돼요.

쿠루마 오   카 와 나 꾸 떼 모   이 - 데 스 요
347 **車を 買わなくても いいですよ。** 자동차를 사지 않아도 돼요.

스 구 니   카에 사 나 꾸 떼 모   이 - 데 스 요
348 **すぐに 返さなくても いいですよ。** 바로 돌려주지 않아도 돼요.

이소 이 데   헨 신 시 나 꾸 떼 모   이 - 데 스 요
349 **急いで 返信しなくても いいですよ。** 서둘러 답장하지 않아도 돼요.

암 마 리   키 니   시 나 꾸 떼 모   이 - 데 스 요
350 **あんまり 気に しなくても いいですよ。**
너무 신경 쓰지 않아도 돼요.

단어 Pick 予約(よやく) 예약 | すぐに 곧, 바로 | 返(かえ)す 돌려주다 | 返信(へんしん) 회신, 답장 | あんまり 너무, 지나치게,〈あまり의 힘줌말〉| 気(き)に する 신경 쓰다, 걱정하다

표현 Pick

∘ **なくても いい** ない형에 연결되는 표현으로 '~하지 않아도 좋다, ~하지 않아도 좋아'라는 뜻이에요. 말 그대로 어떤 일을 할 필요가 없다는 뜻을 나타내요. なくても いいです라고 하면 '~하지 않아도 좋습니다, ~하지 않아도 좋아요'라는 뜻으로 공손한 표현이 돼요.

351 授業を サボっては いけません。
쥬교-오 사 봇 떼와 이께마 셍

수업을 빼먹으면 안 돼요.

ては いけません은 강한 금지나 규제를 전달할 때 쓰는 표현이에요. 주로 부모가 아이에게, 또는 교사가 학생에게 많이 써요.

352 嘘を ついては いけません。
우소오 츠이떼와 이께마 셍
거짓말을 하면 안 돼요.

3573 たばこの 吸い殻を 捨てては いけません。
타 바꼬노 스 이가라오 스떼떼와 이께마 셍
담배꽁초를 버리면 안 돼요.

354 ここで お酒を 飲んでは いけません。
코 꼬데 오사께오 논 데와 이께마 셍
여기에서 술을 마시면 안 돼요.

355 機内で スマホを 使っては いけません。
키 나이데 스 마호오 츠깟 떼와 이께마 셍
비행기에서 스마트폰을 사용하면 안 돼요.

단어 Pick 授業(じゅぎょう) 수업 | サボる 태만히 하다, 게을리 하다 | 嘘(うそ)を つく 거짓말을 하다 | 吸(す)い殻(がら) 담배꽁초 | 捨(す)てる 버리다 | 機内(きない) 기내

표현 Pick

◦ **サボる** '태만히 하다, 게을리하다'라는 뜻이에요. 프랑스어 サボタージュ(sabotage)의 준말인 サボ에 る를 붙여 동사화한 말이죠.

◦ **ては いけません** て형에 연결되는 표현으로 '~하면 안 됩니다, ~하면 안 돼요'라는 뜻이에요. 조금 강한 어조의 표현으로, 금지 또는 규제를 나타내요. 그래서 윗사람이 아랫사람에게 주의를 주거나 할 때 많이 사용해요. 부드럽게 전달하기 위해 ないで ください로 대신하는 경우도 많아요. ては いけない라고 하면 '~하면 안 돼'라는 뜻으로 반말 표현이 돼요.

356 そろそろ 決めなければ なりません。
소 로 소 로　키 메 나 께 레 바　나 리 마 셍

슬슬 정해야 해요.

なければ なりません은 사회적으로 지켜야 될 규범이나 의무를 나타낼 때 쓰는 표현이에요.

357 罪は 償わなければ なりません。 죗값은 치러야 해요.
츠 미 와　츠 구 나 와 나 께 레 바　나 리 마 셍

358 ルールは 守らなければ なりません。 규칙은 지켜야 해요.
루 - 루 와　마 모 라 나 께 레 바　나 리 마 셍

359 レポートは 5時までに 出さなければ なりません。
레 포 - 토 와　고 지 마 데 니　다 사 나 께 레 바　나 리 마 셍

리포트는 5시까지 내야 해요.

360 外回りの あと、会社に 戻らなければ なりませんか。
소 또 마 와 리 노　아 또　카 이 샤 니　모 도 라 나 께 레 바　나 리 마 셍 까

외근 후에 회사로 복귀해야 하나요?

단어 Pick ▶ そろそろ 슬슬 │ 決(き)める 정하다, 결정하다 │ 罪(つみ) 죄 │ 償(つぐな)う 보상하다, 속죄하다 │ ルール(rule) 룰, 규칙 │ 守(まも)る 지키다 │ レポート(report) 리포트 │ ～までに ~까지〈완료〉 │ 出(だ)す 내다, 제출하다 │ 外回(そとまわ)り 외근 │ 戻(もど)る 되돌아오다

표현 Pick

◦ なければ なりません ない 형에 연결되는 표현으로 '~하지 않으면 안 됩니다, ~하지 않으면 안 돼요, ~해야 합니다, ~해야 해요'라는 뜻이에요. 의무, 금지, 필요를 나타내요. 회화에서는 줄여서 なきゃ라고 말하는 경우도 많아요.

보이는 일본어 한마디
동사 응용 표현

이찌 도 와 까 시 따 호 - 가 이 -
361 一度 沸かした ほうが いい。 한 번 끓이는 편이 좋아.

상대방에게 자신의 의견이나 조언을 적극적으로 전달하고 싶다면 た ほうが いい를 써서 말해 보세요.

카사 오 못 떼 잇 따 호 - 가 이 - 데 스
362 傘を 持って いった ほうが いいです。
우산을 가져가는 편이 좋아요.

무시 바 와 하야 꾸 누이 따 호 - 가 이 - 데 스
363 虫歯は 早く 抜いた ほうが いいです。
충치는 빨리 빼는 편이 좋아요.

사무 이 까 라 마 후 라 - 오 마 이 떼 데 따 호 - 가
364 寒いから マフラーを 巻いて 出た ほうが
이 - 데 스
いいです。 추우니까 머플러를 두르고 나가는 편이 좋아요.

코마 까 꾸 첵 쿠 시 따 호 - 가 이 - 데 스
365 細かく チェックした ほうが いいです。
자세하게 체크하는 편이 좋아요.

단어 Pick 一度(いちど) 한 번 | 沸(わ)かす 끓이다, 데우다 | 傘(かさ) 우산 | 持(も)つ 들다, 가지다 | 虫歯(むしば) 충치 |
抜(ぬ)く 빼다 | マフラー(muffler) 머플러 | 巻(ま)く 감다, 두르다 | 細(こま)かい 자세하다 | チェック(check)する
체크하다

표현 Pick

○ **た ほうが いい** た형에 연결되는 표현으로 '~하는 편이 좋다, ~하는 편이 좋아'라는 뜻이에요. 상대방에게 자신의 의견 등을 제안하거나 조언할 때 써요. 과거를 나타내는 た형에 연결되지만 과거의 일을 나타내는 표현이 아니라는 것에 유의하세요. た ほうが いいです 라고 하면 '~하는 편이 좋습니다, ~편이 좋아요'라는 뜻으로, 공손한 표현이 돼요.

366
야 쇼꾸와 타 베나이 호 - 가 이 - 요
夜食は 食べない ほうが いいよ。
야식은 먹지 않는 편이 좋아.

어떤 일을 하지 않는 편이 더 낫다고 판단될 때에는 ない ほうが いい라는 표현을 써서 조언해 보세요.

367
암 마리 무리시나이 호 - 가 이 - 요
あんまり 無理しない ほうが いいよ。
너무 무리하지 않는 편이 좋아.

368
아루 끼 스마호와 시나이 호 - 가 이 - 데스 요
歩きスマホは しない ほうが いいですよ。
걸어가면서 스마트폰 보기는 안 하는 편이 좋아요.

369
아부나 이 토꼬로니 와 이 까나이 호 - 가 이 - 데스 요
危ない 所には 行かない ほうが いいですよ。
위험한 곳에는 가지 않는 편이 좋아요.

370
소 노 사이토니와 아쿠세스시나이 호 - 가 이 - 데스 요
その サイトには アクセスしない ほうが いいですよ。
그 사이트에는 접속하지 않는 편이 좋아요.

단어 Pick ▶ 夜食(やしょく) 야식 | 無理(むり) 무리 | 歩(ある)きスマホ 걸으면서 스마트폰을 보는 일 | 危(あぶ)ない 위험하다 | 所(ところ) 곳, 장소 | サイト(site) 사이트 | アクセス(access) 액세스, 접속

표현 Pick

◦ ない ほうが いい　ない형에 연결되는 표현으로 '~하지 않는 편이 좋다, ~하지 않는 편이 좋아'라는 뜻이에요. 상대방에게 어떤 일을 하지 않도록 자신의 의견 등을 제안하거나 조언할 때 쓰죠. ない ほうが いいです라고 하면 '~하지 않는 편이 좋습니다, ~하지 않는 편이 좋아요'라는 뜻으로, 공손한 표현이 돼요.

보이는 일본어 한마디 동사 응용 표현

371 芸能人に 会った こと ある?
게-노-진니 앗따 코또 아루

연예인을 만난 적 있어?

과거에 어떤 일을 경험한 적이 있을 때에는 た ことが ある라는 표현을 써서 말해 보세요. 말끝을 올려서 'た ことが 아
る(↗)'라고 하면 질문하는 표현이 돼요. 반면 경험한 적이 없을 때에는 た ことは ない를 쓰면 돼요.

372 富士山に 登った ことが ある。 후지산에 오른 적이 있어.
후지산니 노봇따 코또가 아루

373 パワハラを 受けた ことが あります。
파와하라오 우께따 코또가 아리마스

갑질을 당한 적이 있어요.

374 二股を 掛けた ことが あるんです。 양다리를 걸친 적이 있어요.
후따마따오 카께따 코또가 아룬데스

375 アダルト動画を 見た こと ありません。
아다루토도-가오 미따 코또 아리마 셍

야동을 본 적 없어요.

단어 Pick 芸能人(げいのうじん) 연예인 │ 富士山(ふじさん) 후지산 │ 登(のぼ)る 오르다 │ 二股(ふたまた)を 掛(か)ける
양다리를 걸치다 │ アダルト動画(どうが) 성인 동영상

표현 Pick

○ た ことが ある た형에 연결되는 표현으로 '~한 적이 있다, ~한 적이 있어'라는 뜻이에
요. 과거의 경험을 나타내죠. 일상회화에서는 た こと ある라고 が를 생략하는 경우가 많아
요. た ことが あります라고 하면 '~한 적이 있습니다, ~한 적이 있어요'라는 뜻으로 공손한
표현이 돼요.

○ た ことは ない '~한 적은 없다, ~한 적은 없어'라는 뜻으로, 경험한 적이 없을 때 써요.
일상회화에서는 た こと ない라고 は를 생략하는 경우가 많아요. た ことは ありません
이라고 하면 '~한 적은 없습니다, ~한 적은 없어요'라는 뜻으로 공손한 표현이 돼요.

376
도 로 - 옹 오　도 바 시 따 이 데 스
ドローンを 飛ばしたいです。
드론을 날리고 싶어요.

말하는 사람의 희망을 말하고 싶을 때에는 ます형에 たい를 붙여서 말하면 돼요.

377
톱 푸　화 이 브 니　하 이 리 따 이 데 스
トップ ファイブに 入りたいです。 톱 5에 들어가고 싶어요.

378
아따라 시 -　스 마 호 가　카 이 따 이 데 스
新しい スマホが 買いたいです。 새로운 스마트폰을 사고 싶어요.

379
노도　카 와 이 따　미 즈　노 미 따 이
喉 乾いた〜。水 飲みたい。 목 말라~. 물 마시고 싶어.

380
호 라 - 에 - 가 와　미 따 꾸　나 이 데 스
ホラー映画は 見たく ないです。 공포 영화는 보고 싶지 않아요.

단어 Pick ▶ ドローン(drone) 드론 │ 飛(と)ばす 날리다 │ トップ(top) 톱, 선두 │ 入(はい)る 들어가다 │ 乾(かわ)く (목이)
마르다 │ 水(みず) 물 │ ホラー(horror)映画(えいが) 공포 영화

표현 Pick

○ **たいです** ます형에 연결되는 표현으로 '~하고 싶습니다, ~하고 싶어요'라는 뜻이에요. た
いです는 말하는 사람, 즉 1인칭의 희망을 말하고 조사는 を와 が 둘 다 써요. たい라고 하
면 '~하고 싶다, ~하고 싶어'라는 뜻으로 반말 표현이 돼요. 그리고 たい는 끝 글자가 い라서
い형용사와 활용이 같아요.

○ **어휘 늘리기**

アクション映画(えいが) 액션 영화	コメディー映画(えいが) 코미디 영화
ファミリー映画(えいが) 가족 영화	ミステリー映画(えいが) 미스터리 영화
ロマンス映画(えいが) 로맨스 영화	ドキュメンタリー映画(えいが) 다큐멘터리 영화

모 - 이찌도 얏 떼 미마스
381 もう 一度 やって みます。 한 번 더 해 볼게요.

잘될지 어떨지 모르지만 어떤 일을 시도해 보겠다는 뜻을 나타낼 때에는 て みます를 써서 말해 보세요.

홋 까이도- 니 이꾸까 도- 까 키 - 떼 미마스
382 北海道に 行くか どうか 聞いて みます。
홋카이도에 갈지 어떨지 물어볼게요.

츠꾸리 까따오 구 굿 떼 미마 쇼 -
383 作り方を ググって みましょう。 만드는 방법을 검색해 봅시다.

제 히 타메시니 츠깟 떼 미 떼 쿠 다 사 이
384 ぜひ 試しに 使って みて ください。
꼭 시험 삼아 사용해 보세요.

코 노 스 카 - 토 하이떼 미 떼모 이 - 데스 까
385 この スカート、 はいて みても いいですか。
이 스커트, 입어 봐도 돼요?

단어 Pick | ~か どうか ~일지 어떨지, ~인지 아닌지 | 聞(き)く 묻다 | 作(つく)り方(かた) 만드는 방법 | 동사의 ます형+方(かた) ~방법, ~방식 | ググる (구글에서) 검색하다 | ぜひ 꼭, 제발 | 試(ため)しに 시험 삼아 | スカート(skirt) 스커트, 치마 | はく (바지 등을) 입다

표현 Pick

○ **て みます** て형에 연결되는 표현으로 '~해 보겠습니다, ~해 볼게요'라는 뜻이에요. 어떤 일을 시험 삼아 해 보겠다는 표현이죠. て みる 라고 하면 '~해 보겠다 ~해 볼게'라는 뜻으로 반말 표현이 돼요.

○ **ググる** グーグル(Google: 구글)의 준말인 ググ가 동사화된 말이에요. '구글에서 검색하다'는 뜻인데, 인터넷에서 '검색하다'는 것을 가리키는 일반적인 말로 쓰이고 있어요.

○ **はく** はく는 스커트, 바지 등 하의를 입을 때 쓰고, 재킷이나 코트 등 상의를 입을 때는 着(き)る를 써요.

Episode **12** 084 | **수수 표현**

셈 빠이니 시료- 오 미세떼 모 라 이 마 시 따
386 **先輩に 資料を 見せて もらいました。**

선배가 자료를 보여 줬어요.

て もらいました는 남이 나를 위해 고마운 행동을 해 주었다는 '감사'를 나타내고자 하는 표현이에요. 직역하면 '~해 받았습니다, ~해 받았어요'이지만 우리말로 옮길 때에는 '누가 ~해 주었습니다, 누가 ~해 주었어요'라고 해야 자연스러워요.

오야니 오 까네오 카 시 떼 모 라 이 마 시 따
387 **親に お金を 貸して もらいました。**

부모님이 돈을 빌려주었어요.

하나미니 츠 레 떼 잇 떼 모 라 이 마 시 따
388 **花見に 連れて いって もらいました。**

꽃구경에 데려가 주었어요.

죠- 시 니 오시에떼 모 랏 따
389 **上司に 教えて もらった。** 상사가 가르쳐 주었어.

토- 리 가 까 리 노 히또니 타스 께 떼 모 랏 따
390 **通りがかりの 人に 助けて もらった。**

지나는 사람이 구해 주었어.

단어 Pick | 資料(しりょう) 자료 | 見(み)せる 보이다 | お金(かね) 돈 | 貸(か)す 빌려주다 | 花見(はなみ) 꽃구경, 꽃놀이 |
通(とお)りがかり 지나는 길, 지나는 도중 | 助(たす)ける 구조하다, 살리다

표현 Pick

◦ て もらう 우리말에는 없는 표현이지만, 일본에서는 정말 많이 쓰는 표현이에요. 남에게 도움이 되는 행동을 받았을 때 쓰는 표현으로, 어떤 행위를 부탁해서 받았다는 뉘앙스가 있어요. 직역하면 '~해 받다'라는 뜻으로, 우리말로 자연스럽게 옮기면 '누가 ~해 주다'가 되고, 고마움을 준 사람은 대개 조사 に나 から로 나타내고 해석은 '~이, ~가'로 해요. 그리고 もらう는 1그룹 동사랍니다.

문화 Pick

◦ 花見(はなみ) 일본에서의 花見(はなみ)는 주로 '벚꽃놀이'를 뜻해요. 벚꽃의 개화 예상일이 동일한 지역을 연결하는 桜前線(さくらぜんせん: 벚꽃전선)을 TV의 뉴스나 정보 프로그램에서 앞다투어 보도하죠. 일본은 4월에 신학기가 시작되고, 신입사원이 입사하고, 모든 행정 기관의 회계년도가 시작되기 때문에 벚꽃의 개화는 일본인들에게 꽃놀이 이상의 의미를 부여하는 듯해요.

보이는 실전 일본어

✽ 역에서 내린 다현과 유이가 주택가를 걸어가고 있어요. 🎧085

다현 | 勝手に 人の 写真 撮っちゃ いけないよ。
캇 떼니 히또노 샤 싱 톳 짜 이 께나이 요
맘대로 남의 사진 찍으면 안 돼.

유이 | 心配しなくても 大丈夫よ。
심 빠이시 나 꾸 떼 모 다이죠-부 요
걱정하지 않아도 돼.

お花を 撮ってるんだから。
오 하나오 톳 떼 룬 다 까 라
꽃을 찍고 있으니까.

ところで、ダヒョンちゃん、
토 꼬로데 다 횬 쨩
그런데 다현아,

ボラボラ島へ 行った こと ある？
보라보라또-에 잇 따 코 또 아루
보라보라섬에 가 본 적 있어?

다현 | ボラボラ島？ ううん、ないけど。
보 라 보 라 또- 우- 웅 나 이 께도
보라보라섬? 아니, 없는데.

유이 | これ 見て。知り合いから 送って
코 레 미 떼 시 리 아이까라 오꿋 떼
이거 봐 봐. 아는 사람이 보내

もらった ボラボラ島の 写真。
모 랏 따 보라보라또-노 샤 싱
준 보라보라섬의 사진이야.

다현 | わあ～、きれい。
와 - - 키 레-
와~, 예쁘다.

유이 | ボラボラ島へ 行って 海の 写真
보라보라또-에 잇 떼 우미노 샤 싱
보라보라섬에 가서 바다 사진

撮りた～い。ダヒョンちゃん、こっち
토 리따-이 다 횬 쨩 콧 찌
찍고 싶어~. 다현아, 여기

見て。はい、チーズ。
미 떼 하 이 치- 즈
봐. 자, 치~즈.

단어 Pick

○ 勝手(かって)に 멋대로, 맘대로
○ 心配(しんぱい) 걱정, 근심
○ お花(はな) 꽃
○ ボラボラ島(とう) 보라보라섬
〈프랑스령 폴리네시아 소시에테 제도에 속하는 섬〉
○ 知(し)り合(あ)い 아는 사람, 지인
○ 海(うみ) 바다

표현 Pick

○ ～ちゃ いけない
ては いけない의 회화체 표현으로 '~하면 안 된다'라는 뜻이에요.

1 다음 문장을 우리말로 옮겨 보세요.

❶ 自分を 責めないで ください。
じ ぶん   せ

_____

❷ 先輩に アドバイスして もらいました。
せんぱい

_____

❸ 芸能人に 会った こと ありますか。
げいのうじん   あ

_____

2 ▨ 표시 부분을 우리말 표현에 맞게 바꿔 보세요.

❶ ペットを 連れて くる。 애완동물을 데려오면 안 돼요.
つ

_____

❷ 傘を 持って いく。 우산을 가져가는 편이 좋아요.
かさ   も

_____

❸ もう 一度 やる。 한 번 더 해 볼게요.
いち ど

_____

정답 1. ① 자책하지 마세요.

② 선배가 조언해 주었어요.

③ 연예인을 만난 적 있어요?

2. ① ペットを 連れて きては いけません。
つ

② 傘を 持って いった ほうが いいです。
かさ   も

③ もう 一度 やって みます。
いち ど

마루짱의 블로그
생생한 일본 현지 이야기

프로필 ▶ 쪽지 ▶

이웃

category   ∧

– 전체보기

∟ 일본 여행

∟ 일본 생활

∟ 일본 정보

tags   최근 | 인기

일본, 여행, 일본 편의점,
도시락, 일본 디저트, 쇼핑,
일본문화

과거와 현재가 공존하는 곳,

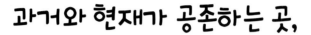

가구라자카(神楽坂)

이름부터 매력적인 가구라자카(神楽坂).

신주쿠(新宿)나 시부야(渋谷), 오다이바(お台場)와 같이 관광지로 유명한 곳은 아니지만 일본 특유의 운치 있는 거리로 유명한, 사진 좀 찍는다는 사람들에겐 친숙한 곳이랍니다.

'도쿄(東京)'보다는 '에도(江戸)'에 가까운 운치 있는 풍경, 호기심을 자극하는 고요한 골목길과 오래된 가게들…. 눈앞에 펼쳐진 그림 같은 풍경에 취해 비에 젖는 줄도 모르고 카메라 셔터를 눌러댔습니다.

사진을 찍고 나서 발걸음을 옮긴 곳은 이미 SNS에서도 유명세를 탄 효고요코초(兵庫横町).

여기저기 얽힌 좁은 골목길에 자리 잡은 요정과 민가, 그리고 그곳을 드리운 나무들….

글로는 표현할 수 없는 신비로운 분위기에 압도되는 곳이었어요.

골목 하나를 빠져나오면 또 다른 골목으로 이어지는 미로와 같은 이곳은 가구라자카가 가진 매력 중 하나가 아닐까 해요.

그렇게 한참 동안 비 오는 골목을 걷다 큰길로 빠져나오니 마쓰리(祭り)의 홍등이 잔뜩 달린 메인 거리가 나왔습니다. 화려한 신사 젠고쿠지(善国寺)와 세련된 건물, 북적이는 인파를 보자 조금 전까지의 적막함이 마치 거짓말 같았어요.

사실 가구라자카는 계획을 세우고 가는 것보다 산책하는 느낌으로, 발길이 이끄는 대로 걷는 걸 추천해요. 특히 혼자만의 여유를 느끼고 싶은 분들에겐 더할 나위 없이 좋은 힐링 장소가 될 거예요.

PART 02

보이는 현지 일본어

인사말

아 리 가 또 -
ありがとう! 고마워(요)!

お母さん
いつもありがとう♡

아 리 가 또 - 고 자 이 마 스
ありがとうございます。 감사합니다.

오 메 데 또 - 고 자 이 마 스
おめでとうございます!
축하합니다.

한눈에 보는 핵심 포인트

오 하 요 - 고 자 이 마 스
391 **おはようございます。** 〈아침 인사〉 안녕하세요.

누구나 지켜야 할 공통 매너를 꼽자면 제일 첫 번째가 인사일 거예요. 일본에서는 하루 중 언제 만났는지에 따라 인사말이 달라진답니다.

콘 니 찌 와
392 **こんにちは。** 〈점심 인사〉 안녕, 안녕하세요.

콤 방 와
393 **こんばんは。** 〈저녁 인사〉 안녕, 안녕하세요.

오 히사 시 부 리 데 스
394 **お久しぶりです。** 오랜만이에요.

고 부 사 따 시 떼 오 리 마 스
395 **ご無沙汰しております。** 격조했습니다, 오랜 시간 소식을 전하지 못했습니다.

단어 Pick ▶ 久(ひさ)しぶり 오랜만임 | ご無沙汰(ぶさた) 무소식, 오랫동안 격조함 | ～ております ~하고 있습니다 〈～ています의 겸양 표현〉

표현 Pick

○ **일본의 인사** 일본은 아침, 점심, 저녁 인사가 달라요. おはようございます(안녕하세요) / おはよう(안녕)는 아침에 만났을 때 하는 인사지만 저녁에 일을 하는 사람들은 출근 인사를 おはよう라고 하기도 해요.

○ **お久(ひさ)しぶりです vs ご無沙汰(ぶさた)しております** お久(ひさ)しぶりです는 오랜만에 만나서 반갑다는 뜻이, ご無沙汰(ぶさた)しております는 오랜 기간 연락을 못해 미안하다는 뜻이 내포되어 있습니다. 그래서 비즈니스에서는 ご無沙汰(ぶさた)しております를 사용하는 것이 더 적합해요. 부하나 후배, 동료들에게는 お久(ひさ)しぶり(오랜만이야)라고 말하기도 해요.

○ **일본어의 경어** 일본어의 경어에는 우리가 공부한 です・ます의 공손 표현과, 남을 높이는 존경 표현, 그리고 자기를 낮춰 상대방을 높이는 겸양 표현이 있어요. ております는 ています의 겸양 표현으로 '~하고 있어요'라는 뜻이에요.

396 **また 明日。** 내일 봐.
_{마 따} _{아시따}

일본 사람들은 헤어질 때 어떤 인사말을 하는지 알아볼까요?

397 **では、また。** 그럼, 또 봐(요).
_{데 와} _{마 따}

398 **バイバイ。** 바이 바이.
_{바 이 바 이}

399 **さようなら。** 안녕히 가세요, 안녕히 계세요.
_{사 요 - 나 라}

400 **お休みなさい。** 안녕히 주무세요.
_{오 야스 미 나 사 이}

단어 Pick ▶ また 또 | 明日(あした) 내일 | バイバイ(bye bye) 바이 바이

표현 Pick

○ **さようなら** '안녕히 가세요, 안녕히 계세요'라는 뜻의 인사말로, さよなら라고도 해요. 주로 선생님과 학생 사이에서 자주 사용해요. 친구 사이라도 오랫동안 만나지 못할 경우에는 이별의 인사로 さようなら를 쓰기도 합니다.

○ **お休(やす)みなさい** '안녕히 주무세요'라는 뜻의 인사말로, 친한 사람이나 아랫사람에 게는 줄여서 お休(やす)み(잘 자)라고도 해요. 야근이나 회식을 끝내고 밤늦게 퇴근하는 회사 동료들에게도 お休(やす)み, お休(やす)みなさい라고 인사합니다.

○ **표현 늘리기 ❶**

また 来週(らいしゅう)。 다음 주에 또 만나요.
よい 週末(しゅうまつ)を。 좋은 주말 보내세요.
また 連絡(れんらく)します。 또 연락할게요.
火曜日(かようび)に 会(あ)いましょう。 화요일에 만나요.
また 次回(じかい)に 会(あ)いましょう。 다음에 또 만나요.

401 おめでとうございます。
오 메 데 또 - 고 자 이 마 스
축하합니다.

지인에게 좋은 일이 생겼대요. 축하 인사를 건네보세요.

402 就職、おめでとう。
슈 - 쇼꾸 오 메 데 또 -
취직, 축하해.

403 お誕生日、おめでとうございます。
오 딴죠 - 비 오 메 데 또 - 고 자 이 마 스
생일 축하합니다.

404 心から おめでとうございます。
코꼬로 까 라 오 메 데 또 - 고 자 이 마 스
진심으로 축하합니다.

405 開けまして おめでとうございます。
아 께 마 시 떼 오 메 데 또 - 고 자 이 마 스
새해 복 많이 받으세요.

> 단어 Pick ▶ 就職(しゅうしょく) 취직 | 誕生日(たんじょうび) 생일 | 心(こころ)から 진심으로

표현 Pick

○ **생일 인사** '생일 축하합니다'라는 인사말은 お誕生日(たんじょうび) おめでとう 라는 표현 외에도 ハッピーバースデー(happy birthday)라고도 해요.

○ **明(あ)けまして おめでとうございます** 우리는 새해를 얼마 앞둔 연말이 되면 미리 "새해 복 많이 받으세요"라고 인사하죠? 하지만 일본에서는 꼭 새해가 되어야만 이 인사말을 쓸 수 있어요.

> 연하장에 많이 쓰는 표현들
>
> 今年も お世話に なりました。 올해도 신세 많이 졌습니다.
> ことし　　　　せ わ
>
> 来年も よろしく お願いします。 내년에도 잘 부탁드립니다.
> らいねん　　　　　　　ねが
>
> よい お年を お迎えください。 좋은 한 해 맞으시기 바랍니다.
> 　　　とし　　むか

406 よく やったね！ 잘했네!
요꾸 얏 따네

칭찬은 고래도 춤추게 한다죠? 한마디의 칭찬과 격려로 주변 사람들에게 기분 좋은 기운을 불어넣어 주세요.

407 がんばって。 힘내!, 힘내요!
감 밧 떼

408 石原さんなら できますよ。 이시하라 씨라면 할 수 있어요.
이시하라 산 나라 데 끼 마 스 요

409 とっても よく できましたね。 아주 잘했어요.
톳 떼 모 요꾸 데 끼 마 시 따네

410 きっと うまく いきますよ。 꼭 잘될 거예요.
킷 또 우 마 꾸 이 끼 마 스 요

> **단어 Pick** よく 잘 | やった 됐다, 해냈다 | ～なら ~라면 | できる ① 할수 있다, 가능하다 ② 잘 되다 | きっと 꼭,
> 반드시 | うまくいく 잘되다

> **표현 Pick**

○ **がんばって** '힘내!, 힘내요'라는 뜻의 인사말로, 응원이나 격려할 때 써요. 동사 がんばる
(頑張る: 참고 노력하다)에서 만들어진 표현으로, がんばっては がんばって ください(힘내세요)
에서 ください가 생략된 형태예요.

○ **표현 늘리기 ❷**

上手(じょうず)ですね。	잘하시네요.
よく がんばりました。	잘했어요, 열심히 했어요.
大変(たいへん) よく できました。	정말 잘했어요.
もう 少(すこ)し がんばりましょう。	조금 더 노력합시다.

도 - 모 아 리 가 또 - 고 자 이 마 스
411 **どうも ありがとうございます。**

정말 고맙습니다.

일본 사람들은 아주 사소한 일에도 감사 인사를 주고받아요. 초콜릿 같은 작은 선물에도 나중에 만나면 잘 먹었다는 감사 인사를 잊지 않고 한답니다.

아 리 가 또 - 고 자 이 마 시 따
412 **ありがとうございました。** 고마웠어요.

상 큐 -
413 **サンキュー。** 감사합니다.

이 - 에   마 다 마 다 데 스
414 **いいえ、まだまだです。** 아니에요, 아직 멀었어요.

이 야   톤 데 모 나 이 데 스
415 **いや、とんでもないです。** 아니, 천만에요.

단어 Pick ▶ どうも 정말, 참으로 │ サンキュー(thank you) 생큐 │ まだまだ 아직, 아직도 │ とんでもない 천만에(요), 터무니없다, 당치도 않다

표현 Pick

○ どうも どうも는 どうも ありがとう(정말 고마워), どうも ありがとうございます(정말 고맙습니다), どうも すみません(정말 죄송해요), どうも 失礼(しつれい)しました(정말 실례했어요)와 같은 감사와 사과 인사를 줄여 말할 때 많이 사용해요. どうも どうも라고 반복해서 쓰기도 해요.

○ 표현 늘리기 ❸

まさか！とんでもないわよ。	설마! 당치도 않아.
そんな こと ありませんよ。	그렇지 않아요.
気持(きも)ちばかりですが。	마음뿐입니다만.
つまらない 物(もの)ですが。	변변치 못한 것입니다만.
おそまつさまでした。	변변치 않았습니다.

Episode **06** 09 | 사과

도 - 모 스 미 마 셍
416 **どうも すみません。** 정말 죄송합니다.

일본에서 하루에 가장 많이 듣는 말은 아마도 すみません(죄송합니다)일 거예요. 의도치 않은 작은 실수에도 습관적으로 すみません이라고 하죠. 우리도 본의 아니게 실수를 했다면 바로바로 사과합시다.

고 멘 나 사 이
417 **ごめんなさい。** 미안합니다, 죄송합니다.

고 메-와꾸 오 오 까 께 마 시 따
418 **ご迷惑を おかけました。** 폐를 끼쳤습니다.

타 이 헨 모- 시 와께 고 자 이 마 셍
419 **大変 申し訳ございません。** 대단히 죄송합니다.

키노- 와 스 미 마 센 데 시 따
420 **昨日は すみませんでした。** 어제는 미안했어요[고마웠어요].

단어 Pick ▶ 迷惑(めいわく)を かける 폐를 끼치다 | 大変(たいへん) 몹시, 대단히 | 申(もう)し訳(わけ)ございません 죄송합니다, 미안합니다

표현 Pick

◦ **すみません** すみません은 상황에 따라 그 뜻이 달라져요. 남의 발을 밟았을 때의 すみ
ません은 '죄송합니다', 내 물건을 주워 준 사람에게 하는 すみません은 '고맙습니다', 모르
는 사람에게 말을 걸거나 길을 비켜 달라고 할 때의 すみません은 '실례합니다', 음식점 등에
서 점원을 부를 때는 '저기요, 여기요'라는 뜻으로 사용돼요. 일상회화에서는 すいません이
라고도 말해요.

◦ **すみません vs ごめんなさい** すみません은 자신의 실수를 인정하고 반성하는 마음
을 나타내고, ごめんなさい는 허락, 용서를 구하는 마음이 담겨 있어요.

오 쯔까 레 사마 데 스
421 お疲れ様です。 수고 많으십니다.

고된 하루를 보낸 분들께 위로의 한마디를 건네주세요. 따뜻한 한마디가 서로 간의 정도 두텁게 하고 새로운 활력도 가져다 줄 거예요.

오 쯔까 레 사마 데 시 따
422 お疲れ様でした。 수고 많으셨어요.

고 꾸로-사마 데 스
423 ご苦労様です。 수고많아요.

소 레 와 타이헨 데 스 네
424 それは 大変ですね。 그거 힘들겠군요.

소 레 와 이 께 마 센 네
425 それは いけませんね。 그거 안됐군요.

단어 Pick ご苦労(くろう) 수고, 노고〈苦労(くろう)의 공손한 말〉 | いけない 안됐다, 딱하다

표현 Pick

∘ お疲(つか)れ様(さま)です vs ご苦労様(くろうさま)です 두 표현 모두 상대의 노고에 대해 감사하고 위로하는 말인데요, お疲(つか)れ様(さま)です는 아랫사람이 윗사람에게 쓸 수 있지만, ご苦労様(くろうさま)です는 윗사람이 아랫사람에게 쓰는 표현으로, 윗사람에게는 쓰지 않으니 유의하세요.

∘ 표현 늘리기 ❹

そばに いるよ。	곁에 있을게.
無理(むり)しないでね。	무리하지 마.
いつでも 話(はな)して。	언제든 말해.
大変(たいへん)だったね。	힘들었겠네.
私(わたし)が サポートするよ。	내가 도와줄게.

426 それは いいですね。 그거 좋네요.
소 레 와 이 - 데 스 네

제안을 받고 승낙의 뜻을 전할 때에는 어떻게 말하는지, 또 거절할 때에는 어떻게 말하는지 알아볼까요?

427 ええ、喜んで！ 네, 기꺼이!
에 - 요로꼰 데

428 はい、もちろんです。 예, 물론입니다.
하 이 모 찌 론 데 스

429 それは ちょっと 困るんですが…。 그건 좀 곤란한데요….
소 레 와 춋 또 코마 룬 데 스 가

430 すみませんが、明日は ちょっと 用事が
스 미 마 셍 가 아시따 와 춋 또 요 - 지 가

ありまして…。 죄송합니다만, 내일은 좀 볼일이 있어서….
아 리 마 시 떼

단어 Pick ▶ 喜(よろこ)んで 기꺼이 │ もちろん 물론 │ 困(こま)る 곤란하다, 난처하다 │ ～が (뒤의 말을 생략하고
상대방의 반응을 살피며) ~입니다만, ~인데요 │ 用事(ようじ) 볼일

표현 Pick

○ 用事(ようじ)が ありまして… '볼일이 있어서요….'라는 뜻인데, 일본 사람들은 거절
할 때 직접적인 의사 표현을 피하는 경향이 있어요. 그래서 それは ちょっと…(그건 좀…),
すみません、金曜日(きんようび)は ちょっと…(죄송한데요, 금요일은 좀…)와 같이 말끝을 흐
리는 경우가 많아요.

○ 표현 늘리기 ❺

いいね。どうぞ。	좋아. 어서 해.
ええ、いいですよ。	네. 좋아요.
賛成(さんせい)です。	찬성이에요.
同感(どうかん)です。	동감입니다.
私(わたし)も 同(おな)じ 意見(いけん)です。	저도 같은 의견입니다.

보이는 실전 일본어

✽ 소미가 길에서 만난 선배 겐토에게 면접 시험에 대해 묻고 있어요. 🎧094

소미
멘 세쯔 도-데시따까
面接 どうでしたか。
면접 　　어땠어요?

겐토
오 까게 데 부지니 나이떼- 모 랏 따요
お陰で 無事に 内定 もらったよ。
덕분에 　무사히 　　내정받았어.

소미
사 스 가 셈 빠이
さすが、先輩！
과연 　　　선배님!

슈-쇼꾸 오 메 데 또-고자이마스
就職、おめでとうございます！
취직 　　축하해요!

겐토
아 리 가 또- 아- 라이슈-노 킹요-비
ありがとう。ああ、来週の 金曜日
고마워. 　　　아~, 　다음 주 　금요일

노 미 까이가 아 룬 다 께도 도-
飲み会が あるんだけど、どう？
술자리가 　　있는데, 　　　　어때?

소미
아 소노 히 와 촛 또 요-지가
あ、その 日は ちょっと 用事が
아, 　그날은 　　　좀 　　　볼일이

아 리 마 시 떼
ありまして…。
있어서요….

겐토
아- 소- 소 레 와 잔넨 다 네
ああ、そう。それは 残念だね。
아~, 　그래. 　그거 　　　아쉽네.

소미
스 이 마 셍
すいません。
죄송해요.

겐토
마- 쇼- 가 나 이 까 쟈- 네
まあ、しょうが ないか。じゃあね。
뭐, 　어쩔 수 없지. 　　　또 보자.

소미
쟈 마 따
じゃ、また。
그럼, 또 봐요.

단어 Pick

○ 面接(めんせつ) 면접
○ お蔭(かげ) 덕택, 덕분
○ 無事(ぶじ)に 무사히
○ 内定(ないてい) 내정
○ 金曜日(きんようび) 금요일
○ 飲(の)み会(かい) 회식, 술자리
○ しょうがない 할도리가 없다,
　할수 없다
○ じゃあね 그럼 이만, 또 보자

1 알맞은 인사말을 넣어 대화를 완성해 보세요.

❶ A 先生、おはようございます。
せんせい

B かおるさん、_____

❷ A 先輩、こんにちは。
せんぱい

B ああ、石原くん。_____
いしはら

❸ A おばあさん、こんばんは。

B めいちゃん、_____

2 다음 문장을 순서대로 연결해서 대화를 완성해 보세요.

❶ 木曜日は どうですか。
もくようび

❷ すみませんが、明日は ちょっと…。
あした

❸ 木曜日なら 大丈夫ですよ。
もくようび　　だいじょうぶ

❹ 明日 一緒に 展覧会に 行きませんか。
あした　いっしょ　てんらんかい　い

_____ → _____ → _____ → _____

_____

정답 1.① おはよう。　　　　　　　2.④ → ② → ① → ③

　　② こんにちは。

　　③ こんばんは。

마루짱의 블로그
생생한 일본 현지 이야기

프로필 ▶ 쪽지 ▶

이웃

category   ∧

- 전체보기

  ┗ 일본 여행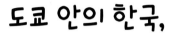

  ┗ 일본 생활

  ┗ 일본 정보

tags   최근 | 인기

일본, 여행, 일본 편의점,
도시락, 일본 디저트, 쇼핑,
일본문화

도쿄 안의 한국,

신오쿠보(新大久保)
しんおおくぼ

  가끔 한국 음식이 그리울 때 찾아가곤 하는 도쿄 최대의 한인 타운 신오쿠보 (新大久保)! 며칠 전부터 머릿속을 떠나지 않는 양념치킨 생각에 오랜만에 신오쿠보를 찾았습니다. 고민할 것도 없이 가장 먼저 발걸음을 옮긴 곳은 닭강정 가게예요.

  한국 가요가 흘러나오는 포장마차에는 눈에 익숙한 비주얼의 새빨간 닭강정이 한가득 쌓여 있었고, 그 옆에는 지금 한국에서도 한창 인기몰이 중인 치즈 핫도그가 맛있게 튀겨지고 있었어요. 가게마다 길게 줄지어 있는 손님들, 그리고 K-POP 아이돌 굿즈를 손에 든 사람들을 보니 아직 한류의 힘은 아직 건재하구나 하는 생각에 조금 뿌듯하기도 했답니다.

  종이컵 가득 담긴 닭강정을 손에 들고 신오쿠보의 메인 거리로 나오니 번쩍이는 네온사인과 수많은 한글 간판이 눈에 들어왔어요. 여기가 도쿄인지 명동인지

구분이 가지 않을 만큼 익숙한 풍경과 사방에서 들려오는 한국어에 진짜 한국에 와 있는 듯한
묘한 기분이 들었답니다.

거리 곳곳에 자리 잡은 한국 식료품점과 화장품 가게를 구경하다가 유난히 사람들로 북적
이는 가게가 눈에 들어왔습니다. 사람들을 비집고 들어가 보니 이국적인 외모의 터키인이 손
님과 장난을 치며 치즈 핫도그를 만들고 있었어요. 한국에서도 자주 볼 수 있는 음식을 줬다
뺏었다 하는 터키인 특유의 장난을 보니 미소가 절로 지어졌답니다.

신오쿠보만의 독특한 점은 개인 방송을 하는 사람들을 쉽게 볼 수 있다는 거예요. 실시간 방
송을 하며 거리를 누비는 BJ들, 제대로 된 촬영 장비를 갖춘 유튜버(ユーチューバ―)까지.

한 시간에 두세 명은 쉽게 볼 수 있을 정도로 개인 방송인에게는 엄청난 핫플레이스라고 해요.

단순한 관광지를 넘어 수많은 볼거리와 다양한 문화가 공존하는 곳, 여행의 특별함을 느끼
고 싶다면 한 번쯤 가 볼 만한 곳이랍니다.

하 지 메 마 시 떼
はじめまして。

타 나 까유따까 또 모 - 시 마 스
田中豊と 申します。

처음 뵙겠습니다. 다나카 유타카라고 합니다.

하 지 메 마 시 떼 이시하라 데 스
はじめまして。石原です。

처음 뵙겠습니다. 이시하라입니다.

소개와 안부

잇 떼 랏 샤 이
いってらっしゃい。
다녀와.

잇 떼 키 마 스
行って きます。
다녀오겠습니다.

한눈에 보는 핵심 포인트

431 **はじめまして。ユン・ソミです。**
하 지 메 마 시 떼　　윤　소 미 데 스

처음 뵙겠습니다. 윤소미입니다.

첫인상은 정말 중요하죠. 처음 만난 일본 사람에게 자기소개를 해 봅시다.

432 **キム・ミンギュと 申します。** 김민규라고 합니다.
키 무　밍 규 또　모-시 마 스

433 **韓国から まいりました。** 한국에서 왔습니다.
캉 꼬꾸 까 라　마 이 리 리 마 시 따

434 **どうぞ よろしく お願いします。** 아무쪼록 잘 부탁드립니다.
도-조　요 로 시 꾸　오 네 가 이 시 마 스

435 **こちらこそ よろしく お願いします。** 저야말로 잘 부탁드립니다.
코 찌 라 꼬 소　요 로 시 꾸　오 네 가 이 시 마 스

단어 Pick ▶ はじめまして 처음 뵙겠습니다 | 申(もう)す 말하다 〈言(い)う의 겸양어〉 | まいる 가다, 오다 〈行(い)く・来(く)る의 겸양어〉 | どうぞ 아무쪼록, 부디 | よろしく 잘 | 願(ねが)う 부탁하다 | こちらこそ 저야말로, 이쪽이야말로

표현 Pick

∘ **はじめまして。～です** '처음 뵙겠습니다. ~입니다'라는 뜻으로, 첫만남에서 자기 이름을 소개하는 가장 기본 표현이에요.

∘ **と 申(もう)します** '~라고 합니다'라는 뜻으로 と 言(い)います의 겸양 표현이에요. です(~입니다)와 같이 자기 이름을 소개할 때 써요.

∘ **から まいりました** '~에서 왔습니다'라는 뜻으로, 국적이나 고향을 말할 때 써요. から 来(き)ました(~에서 왔어요)라고도 해요.

∘ **お願(ねが)いします** '부탁드립니다'라는 뜻이에요. 'お+동사의 ます형+する', 'ご+한자어+する' 형태를 취하면 '~하겠습니다, ~해 드리겠습니다'라는 뜻의 겸양 표현이 돼요.

문화 Pick

∘ **자기소개** 일본인들은 친한 사이라도 사생활을 중요시 여겨 결혼 유무나 나이, 가족 관계 등 개인적인 사항에 대해 잘 묻지 않아요. 또, 자기소개를 할 때 풀 네임이 아니라 성씨만을 말하는 경우도 많아요. 일본인의 이름은 한자가 같아도 발음이 다른 경우가 있기 때문에 망설이지 말고 물어보세요.

436 **こちらは 父です。** 이쪽은 저희 아버지예요.
코 찌 라 와 치찌 데 스

내 가족과 친구, 직장 상사를 소개할 때에는 어떤 표현을 쓰는지 알아볼까요?

437 **友達の ソンです。** 친구인 손[송]입니다.
토모다찌 노   손 데 스

438 **妹の れなです。** 여동생인 레나예요.
이모-또노   레 나 데 스

439 **こちらは 私の 上司で 営業課長の パクです。**
코 찌 라 와 와따시 노 죠-시 데 에-교-카쬬-노 파 쿠 데 스

이쪽은 저의 상사이자 영업 과장인 박입니다.

440 **部長、こちらが まるまる社の 小栗さんです。**
부 쬬- 코 찌 라 가 마 루 마 루 샤 노 오 구 리 산 데 스

부장님, 이쪽이 마루마루사의 오구리 씨입니다.

단어 Pick | 父(ちち) (나의) 아버지 | 上司(じょうし) 상사 | 営業(えいぎょう) 영업 | 課長(かちょう) 과장 | 部長(ぶちょう) 부장 | ～社(しゃ) ~사

표현 Pick

○ 회사 직급

代表取締役(だいひょうとりしまりやく) 대표이사	社長(しゃちょう) 사장
専務(せんむ) 전무	常務(じょうむ) 상무
部長(ぶちょう) 부장	次長(じちょう) 차장
課長(かちょう) 과장	係長(かかりちょう) 계장
主任(しゅにん) 주임	社員(しゃいん) 사원

보이는 일본어 한마디 _{소개와 안부}

시쯔레-시마스
441 失礼します。 실례하겠습니다.

초대 등을 받아 다른 사람의 집을 방문할 때에는 어떤 인사를 주고받는지 알아볼까요?

오 쟈 마 시 마 스
442 お邪魔します。 실례합니다.

고 멩 꾸 다 사 이
443 ごめんください。 실례합니다, 계세요?

도 - 조 오 하이 리 꾸 다 사 이
444 どうぞ お入りください。 어서 들어오세요.

요 - 꼬 소
445 ようこそ。 잘 오셨어요, 어서 오세요.

단어 Pick 失礼(しつれい) 실례 | 邪魔(じゃま) (방문한다는 뜻의) 실례 | 入(はい)る 들어오다 | ようこそ 상대방의 방문을 환영할 때 쓰는 말

표현 Pick

○ お邪魔(じゃま)します vs ごめんください '실례합니다'라는 뜻이에요. お邪魔(じゃま)します는 남의 집을 방문해서 집 안으로 들어갈 때 하는 인사말이고, ごめんください 는 현관에서 사용하는 인사말이에요.

○ お入(はい)りください '들어오세요'라는 뜻이에요. 'お+동사의 ます형+ください', 'ご+한자어+ください' 형태를 취하면 존경 표현을 만들 수 있어요. '~해 주세요'라는 뜻이 돼요.

お問(と)い合(あ)わせください。 문의하세요.

ご利用(りよう)ください。 이용하세요.

446 皆さんに よろしく お伝えください。
미나 산 니 요로시꾸 오쯔따에 꾸다사 이

모두에게 안부 전해 주세요.

안부를 묻고 전하는 표현에 대해 알아봅시다.

447 お元気ですか。 잘 지내세요?
오 겡 끼 데 스 까

448 はい、お蔭様で 元気です。 예, 덕분에 잘 지냅니다.
하 이 오 까게사마 데 겡 끼 데 스

449 お変わり ありませんか。 별고 없으신가요?
오 까 와 리 아 리 마 셍 까

450 まあ、相変わらずです。 네, 여전합니다.
마 - 아이 까 와 라 즈 데 스

단어 Pick ▶ 皆(みな)さん 여러분, 모두 │ 伝(つた)える 전하다 │ お蔭様(かげさま) 덕분에 〈お蔭(かげ : 덕택, 덕분)의
공손한 말〉│ 変(か)わり 변함 │ 相変(あいか)わらず 변함없이, 여전히

표현 Pick

◦ **よろしく** 앞서 나온 よろしく お願(ねが)いします에서의 よろしく는 '잘'이라는 뜻이
지만, 皆(みな)さんに よろしく お伝(つた)えください에서는 '~에게 잘[안부] 전해 주세요,
말씀 잘 드려 주세요'라는 뜻이에요. 줄여서 皆(みな)さんに よろしく라고도 해요.

  ご両親(りょうしん)に よろしく。 부모님께 안부 전해 주세요.

  父(ちち)が よろしくと 言(い)って いました。 아버지가 안부 전해 달라고 하셨어요.

◦ **お元気(げんき)ですか** 元気(げんき)의 뜻이 '원기, 기력, 건강한 모양'이라는 데서 お
元気(げんき)ですか를 '건강하세요?'라고 해석하는 경우가 많은데, 건강하게 잘 지내냐는 뜻
에서 '잘 지내세요?'라고 하는 것이 자연스러워요. 이 표현은 한동안 만나지 못했던 사람에게
써요.

잇 떼 키 마 스
451 行って きます。 다녀오겠습니다.

외출할 때 사용하는 표현과 귀가할 때 사용하는 표현에 대해 알아봅시다.

잇 떼 랏 샤 이
452 いってらっしゃい。 다녀오세요, 다녀와.

453 ただいま。 다녀왔습니다.

오 까에 리
454 お帰り。 잘 다녀왔어, 어서 와.

오 까에 리 나 사 이
455 お帰りなさい。 잘 다녀왔어요, 어서 와요.

단어 Pick ▶ 行(い)って くる 다녀오다 | ただいま 집에 돌아왔을 때 하는 인사말

표현 Pick

○ いってらっしゃい いって いらっしゃい의 준말로, 우리말로는 '다녀오세요, 다녀와' 둘 다 돼요. 회사 상사에게 더 공손하게 말하고 싶을 때에는 いって いらっしゃいませ(다녀오십시오)라고도 해요.

○ ただいま ただいま 帰(かえ)りました(지금 돌아왔습니다)의 준말이에요. 외근을 마치고 회사로 복귀했을 때에도 ただいま라고 말해요.

○ 표현 늘리기 ❶

席(せき)を 外(はず)します。 자리를 비우겠습니다. 〈자리를 비울 때〉
A社(しゃ)に 行(い)って まいります。 A사에 다녀오겠습니다. 〈외근 나갈 때〉
ただいま 戻(もど)りました。 지금 복귀했습니다.
お先(さき)に 失礼(しつれい)します。 먼저 실례하겠습니다. 〈퇴근할 때〉

Episode 06 🎧 | 맞장구

혼 또 니
456 ほんとに？ 진짜?

일본인들은 대화할 때 맞장구를 잘 칩니다. 원활한 대화를 위해 필요한 맞장구 표현에 대해 알아봅시다.

사 스 가
457 さすが！ 과연!

나 루 호 도
458 なるほど。 과연, 정말.

소 - 데 스 네
459 そうですね。 그렇군요.

우 소 데 쇼
460 うそでしょ！ 말도 안 돼!

단어 Pick さすが (예상·평판대로) 과연 │ なるほど (남의 주장을 긍정할 때나 상대방 말에 맞장구치며) 정말, 과연

표현 Pick

○ うそでしょ！ うそ(嘘)는 원래 '거짓말'이라는 뜻인데, 전혀 예상하지 못한 일에 놀랐을 때 등 감탄사처럼 쓸 때에는 '말도 안 돼, 정말?' 정도로 해석하는 것이 자연스러워요.

문화 Pick

○ **일본인들의 맞장구** 일본 사람들은 대화 중에 맞장구를 정말 잘 쳐요. 이건 자신이 상대방의 얘기에 집중하고 있다는 증명 같은 것이라고 합니다. 그래서 점잖게 이야기를 듣고 있는 우리 나라 사람을 보면 자신의 얘기에 집중하지 않는 건 아닌지 신경이 쓰이기도 한다네요. 심지어 전화로 통화할 때에도 고개를 끄덕이거나 하는데 이것도 맞장구의 하나라고 해요. 일본 사람 들과 대화할 때에는 이야기 흐름에 맞게 맞장구를 잘 쳐야 한다는 것 잊지 마세요.

유이가 길에서 만난 오빠 에이타에게 친구 다현을 소개하고 있어요.

유이 **ダヒョンちゃん、こちらは 兄。**
다현아, 이쪽은 우리 오빠.

お兄さん、こちらは 同じ クラブの
오빠, 이쪽은 같은 동아리의

パクさん。
박다현 씨.

에이타 **はじめまして。石原 えいたです。**
처음 뵙겠습니다. 이시하라 에이타예요.

どうぞ よろしく。
아무쪼록 잘 부탁드려요.

다현 **はじめまして。パク・ダヒョンと**
처음 뵙겠습니다. 박다현이라고

申します。よろしく お願いします。
합니다. 잘 부탁드립니다.

에이타 **パクさんは ヒップホップ 好きですか。**
박다현 씨는 힙합 좋아해요?

コンサートの チケットが あるんですけど。
콘서트 티켓이 있는데요.

유이 **お兄さん、ダヒョンちゃんには イケメンの**
오빠, 다현이한테는 꽃미남인

彼氏が いるんだよ。
남자 친구가 있거든.

단어 Pick

○ クラブ(club) 클럽, 동아리
○ ヒップポップ(hiphop) 힙합
○ コンサート(concert) 콘서트
○ チケット(ticket) 티켓

표현 Pick

○ **クラブ**

クラブ와 비슷한 말로 サークル(circle)가 있어요. 우리말로는 모두 '동아리'에 해당하지만, クラブ는 학교에서 금전적인 지원도 받고 고문 교수가 있는데 비해, サークル는 동호회로 지원이나 고문이 없다고 해요. クラブ는 여러 가지 지원을 받는 만큼 성과를 내기 위해서 열심히 활동을 한다네요.

○ **どうぞ よろしく**

앞에서 공부한 どうぞ よろしく お願(ねが)いします(아무쪼록 잘 부탁드립니다)에서 お願(ねが)いします(부탁드립니다)를 생략한 표현이에요.

1 다음 대화를 완성해 보세요.

❶ A ただいま。

B ＿＿＿＿＿＿＿＿＿ 잘 다녀왔어요.

❷ A 行って きます。

B ＿＿＿＿＿＿＿＿＿ 다녀오세요.

❸ A どうぞ ＿＿＿＿＿＿＿＿＿ 어서 들어오세요.

B お邪魔します。

2 처음 만나는 사람에게 자기소개를 해 보세요.

처음 뵙겠습니다.
＿＿＿＿＿＿＿＿＿＿＿＿ ＿＿＿＿＿＿＿＿＿＿＿＿

（ 이름 ）입니다.
＿＿＿＿＿＿＿＿＿＿＿＿ ＿＿＿＿＿＿＿＿＿＿＿＿

한국에서 왔습니다.
＿＿＿＿＿＿＿＿＿＿＿＿ ＿＿＿＿＿＿＿＿＿＿＿＿

아무쪼록 잘 부탁드립니다.
＿＿＿＿＿＿＿＿＿＿＿＿ ＿＿＿＿＿＿＿＿＿＿＿＿

정답 1.① お帰りなさい。
② いってらっしゃい。
③ お入りください。

2. はじめまして。
○○○と 申します[○○○です]。
韓国から まいりました[来ました]。
どうぞ よろしく お願いします。

마루쨩의 블로그
생생한 일본 현지 이야기

프로필 ▶ 쪽지 ▶

이웃

category ∧

- 전체보기

└ 일본 여행

└ 일본 생활

└ 일본 정보 🖱

tags
최근 | 인기

일본, 여행, 일본 편의점,
도시락, 일본 디저트, 쇼핑,
일본문화

일본에서 산다는 것, 일본 생활의 장점

일본에 온 지도 벌써 1년 반. 일본 생활에 익숙해진 요즘은 외국이라는 걸 잘 못 느끼겠어요. 그동안 생활하며 느낀 일본의 장단점 중에 많은 사람이 공감할 만한 세 가지를 뽑아 봤어요.

1. 일본 편의점(コンビニ)의 진화는 어디까지?

일본 하면 빼놓을 수 없는 편의점(コンビニ). 이제 두말하면 입이 아플 정도로 일본의 편의점 문화는 자타공인 세계 최고라고 할 수 있어요. 레스토랑을 방불케 하는 질 높은 도시락(お弁当)과 디저트(デザート)는 물론, 복사(コピー), 스캔(スキャン), 팩스(ファックス) 등의 사무 업무와 세금 납부, 면세 혜택과

같은 다양한 서비스를 통해 편리한 생활을 제공하고 있답니다.

이처럼 물건 구입은 물론 금융 서비스와 공공 기능까지 대행하고 있어서 편의점이 없는 생활은 상상할 수 없을 만큼 현지인들의 생활 깊숙이 자리 잡고 있어요.

2. 친절해도 너~무 친절한 일본인

초등학교 수업에 친절 교육이 따로 있는 걸까 싶을 정도로 대부분의 일본인은 과할 정도로 친절해요. 이건 아마 일본에 살고 있는 외국인들이 가장 많이 공감하는 부분이 아닐까요?

서비스에 있어 불친절하거나 표정이 굳어 있는 직원은 거의 찾아볼 수 없고, 항상 친절한 서비스를 받게 되니 비싼 돈을 내도 아깝다는 생각이 안 들어요.

이러한 친절함은 일상생활에서도 마주하게 되는데, 예를 들어 엘리베이터를 타고 내릴 때도 항상 감사 인사를 하고 버튼 앞에 서 있는 사람은 다른 사람이 모두 내릴 때까지 버튼을 눌러 준답니다. 처음에는 과한 친절이 부담스럽기도 했지만, 이제는 이러한 친절함에 굉장히 만족하며 지내고 있어요.

3. 폐를 끼치지 않는 일본인

일본의 개인주의에 대해서는 다들 한 번쯤 들어 본 적이 있을 거예요. 하지만 그 개인주의 안에는 '메이와쿠(迷惑 : 민폐, 폐)'라는 문화가 숨어 있답니다. 타인에게 피해를 주지 않는, 즉 상대방에게 불쾌감을 주지 않도록 교육을 받는 일본인들은 남에게 불필요한 참견을 하는 일이 거의 없어요. 어떻게 보면 너무 삭막하다고 느낄지도 모르지만 지나친 관심은 때로는 피곤하기도 하니까 가끔은 이런 일본의 개인주의가 꼭 나쁘지만은 아닌 것 같아요.

신 쥬꾸 마 데 아 또 이 꾸 쯔 데 스 까
新宿まで あと いくつですか。
신주쿠까지 앞으로 몇 개 남았어요?

대중교통

코 노 바 스 시부야니 토마리마스 까
この バス 渋谷に とまりますか。
이 버스 시부야에 서요?

우에 노 와 코 노 츠기데스
上野は この 次です。
우에노는 이 다음이에요.

한눈에 보는 핵심 포인트

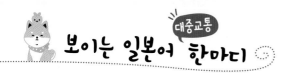

461 原宿は　どちらですか。 하라주쿠는 어느 쪽이에요?
하라쥬꾸 와　도 찌라데스 까

아, 여기가 어디지? 당황하지 않고 빠르게 목적지까지 갈 수 있는 표현들을 익혀 봅시다.

462 すみません、渋谷に 行きたいんですが。 저기, 시부야에 가고 싶은데요.
스 미 마 셍　시부야니 이 끼 따 인 데 스 가

463 ここから 近いですか。 여기에서 가까워요?
코 꼬 까 라 치까이데 스 까

464 歩いて 行けますか。 걸어서 갈 수 있어요?
아루 이 떼 이 께 마 스 까

465 この辺に コンビニは ありますか。 이 근처에 편의점 있어요?
코 노 헨 니 콤 비 니 와 아 리 마 스 까

단어 Pick ▶ 近(ちか)い 가깝다 | 歩(ある)く 걷다 | この辺(へん) 이 근처

표현 Pick

○ **1그룹 동사의 가능형 만들기**　1그룹 동사의 끝 글자를 え단 글자로 바꾸고 る를 붙이면 '~할 수 있다'라는 뜻의 가능 동사가 돼요. 그리고 이렇게 만들어진 가능 동사는 2그룹 동사 활용을 해요.

行(い)く 가다		行(い)ける 갈 수 있다
買(か)う 사다	끝 글자를	買(か)える 살 수 있다
泳(およ)ぐ 수영하다	え단으로 +る →	泳(およ)げる 수영할 수 있다
飲(の)む 마시다	바꾸고	飲(の)める 마실 수 있다
作(つく)る 만들다		作(つく)れる 만들 수 있다

바 스 떼-와   도 꼬 데 스 까
466 **バス停は どこですか。** 버스 정류장은 어디예요?

버스를 이용할 때 유용한 표현에 대해 알아봅시다.

토-꾜-에끼유끼노   바 스 와   남 반 데 스 까
467 **東京駅行きの バスは 何番ですか。** 도쿄역행 버스는 몇 번이에요?

코 노   바 스   시 부 야 니   토 마 리 마 스 까
468 **この バス 渋谷に とまりますか。** 이 버스 시부야에 서요?

도 꼬 데   노 리 까 에 룬 데 스 까
469 **どこで 乗り換えるんですか。** 어디에서 갈아타요?

우에 노 와   코 노   츠기 데 스
470 **上野は この 次です。** 우에노는 이 다음이에요.

단어 Pick ▸ バス(bus)停(てい) 버스 정류장 | 駅(えき) 역 | 〜行(ゆ)き 〜행 | 何番(なんばん) 몇 번 | と(止)まる
멈추다, 서다 | 乗(の)り換(か)える 갈아타다, 환승하다 | 次(つぎ) 다음

표현 Pick

○ 行(い・ゆ)き '〜행'이라는 뜻으로 목적지를 나타내는 말이에요. いき 또는 ゆき라고 발음
하는데, 회화에서는 ゆき라고 많이 해요. 발음이 두 가지인 이유는 行きは 行(い)く(가다)에
서 온 말로, 옛날에는 行く를 ゆく라고 발음했대요. 그 영향이 지금도 남아 있는 거죠.

韓国行(かんこくゆ)き 한국행
京都行(きょうとゆ)き 교토행

문화 Pick

○ **일본의 버스** 도쿄 중심 지역은 전철과 지하철 노선이 매우 발달해 있어 버스는 주로 전철과
지하철역으로 이동시켜 주는 역할을 해요. 그래서 노선이 짧아 균일 요금제를 실시하며 우리
나라와 같이 앞문으로 타고 뒷문으로 내리는 방식이에요. 하지만 거리에 따라 요금이 달라지
는 지방 도시는 뒷문으로 타고 앞문으로 내릴 때 해당 요금을 내는 방식이에요. 물론 지방에
서도 짧은 노선을 운행하는 버스는 균일 요금제예요.

모 요리노 에끼와 도꼬데스 까
471 **最寄りの 駅は どこですか。** 가장 가까운 역은 어디예요?

전철이나 지하철을 이용할 때 유용한 표현에 대해 알아봅시다.

시부야에 이꾸니와 나니센니 노레바 이-데스 까
472 **渋谷へ 行くには 何線に 乗れば いいですか。**
시부야에 가려면 무슨 선을 타면 돼요?

큐-꼬-와 토 마 리 마 스 까
473 **急行は とまりますか。** 급행은 서요?

신 쥬꾸마 데 아 또 이 꾸 쯔 데 스 까
474 **新宿まで あと いくつですか。** 신주쿠까지 앞으로 몇 개 남았어요?

슈 - 뎅 와 난 지 데 스 까
475 **終電は 何時ですか。** 막차는 몇 시예요?

단어 Pick ▶ 最寄(もよ)り 가장 가까움 | 〜には ~하려면 | 何線(なにせん) 무슨 선 | 急行(きゅうこう) 급행 | あと
(後) 앞으로 | いくつ 몇 개 | 終電(しゅうでん) (전철의) 막차〈終電車(しゅうでんしゃ)의 준말〉

표현 Pick

○ **동사의 가정형 만들기** 1그룹·2그룹 동사의 끝 글자를 え단 글자로 바꾸고 ば를 붙이면 '~
하면'이라는 뜻의 가정형이 돼요. 3그룹 동사는 무조건 외우는 것, 잊지 않으셨죠?

乗(の)る (탈것에) 타다 止(と)まる 멈추다, 서다 見(み)る 보다	끝 글자를 え단으로 +ば → 바꾸고	乗(の)れば (탈것에) 타면 止(と)まれば 멈추면, 서면 見(み)れば 보면
来(く)る 오다 する 하다	→	来(く)れば 오면 すれば 하면

문화 Pick

○ **일본의 전철과 지하철** 지상으로 다니는 것을 電車(でんしゃ : 전철), 지하로 다니는 것을 地下
鉄(ちかてつ : 지하철)라고 해요. 우리나라는 운영 회사가 달라도 도착역까지 한 번만 요금을 내
면 자유롭게 이용할 수 있지만, 일본은 운영 회사가 다르면 표를 새로 사서 타야 해요.

Episode 04 105 | **택시 타기**

신 쥬꾸에끼 마 데　오 네가이 시 마 스
476 **新宿駅まで お願いします。** 신주쿠역까지 부탁드려요.

택시를 이용할 때 쓸 수 있는 표현에는 어떤 것들이 있는지 알아볼까요?

신 쥬꾸마 데　도 레 구 라 이　카 까리마 스 까
477 **新宿まで どれぐらい かかりますか。**
신주쿠까지 얼마나 걸려요?

싱 고- 노　테 마에데　오 로 시 떼　쿠 다 사 이
478 **信号の 手前で 降ろして ください。** 신호 바로 앞에서 내려 주세요.

츠기 노　카 도데　토 메 떼　쿠 다 사 이
479 **次の 角で とめて ください。** 다음 모퉁이에서 세워 주세요.

오 쯔 리 와　켁꼬- 데 스
480 **お釣りは 結構です。** 잔돈은 괜찮습니다.

단어 Pick 信号(しんごう) 신호 | 手前(てまえ) 바로 앞 | 降(お)ろす (탈것에서) 내리다 | 角(かど) 모퉁이 | と(止)める
세우다, 멈추다 | お釣(つ)り 거스름돈 | 結構(けっこう)だ (정중하게 사양하는 뜻으로) 괜찮다

표현 Pick

○ **표현 늘리기 ❶**

ここで と(止)めて ください。 여기에서 세워 주세요.

まっすぐ 行(い)って ください。 직진해 주세요.

まるまるホテルに 行(い)って ください。 마루마루호텔에 가 주세요.

東京駅(とうきょうえき)まで 行(い)って ください。 도쿄역까지 가 주세요.

信号(しんごう)を 右(みぎ)に 曲(ま)がって 行(い)って ください。
신호를 오른쪽으로 돌아서 가 주세요.

문화 Pick

○ **일본의 택시** '택시'는 タクシー라고 해요. 일본 택시는 뒷문이 자동으로 열리고 닫히므로
승객이 문을 열고 닫을 필요가 없어요.

481 ガソリンスタンドは どこですか。

가 소 린 스 탄 도 와 도 꼬 데 스 까

주유소는 어디예요?

렌터카를 이용할 때 알아두면 유용한 표현들을 익혀 봅시다.

만 딴 데 오 네 가 이 시 마 스
482 満タンで お願いします。 가득 채워 주세요.

호 껜 니 카 께 따 인 데 스 가
483 保険に かけたいんですが。 보험에 들고 싶은데요.

나 비 노 셋 떼-오 오 시 에 떼 쿠 다 사 이
484 ナビの 設定を 教えて ください。 내비게이션 설정을 가르쳐 주세요.

마 에 노 히 다 리 가 와 노 타 이 야 가 팡 쿠 시 마 시 따
485 前の 左側の タイヤが パンクしました。

앞쪽 좌측 타이어가 펑크 났어요.

単語 Pick ▶ ガソリンスタンド 주유소 | 満(まん)タン 탱크 가득 가솔린을 채움 또는 그 상태 | 保険(ほけん)に かける 보험에 들다 | ナビ 내비게이션〈ナビゲーション의 준말〉 | 設定(せってい) 설정 | 左側(ひだりがわ) 왼쪽 | タイヤ(tire) 타이어 | パンク 펑크

表現 Pick

○ 満(まん)タン 주유소에 가서 "가득이요."라고 말할 때 '가득'에 해당하는 일본어 표현이 満(まん)タン이에요. 満(まん)タン은 '가득 찬 모양'을 뜻하는 満(まん)과 tank의 일본식 발음인 タンク를 줄인 タン이 결합하여 만들어진 말이에요. 일본 렌터카 업체 중에는 차량을 반납할 때 満(まん)タン 상태로 반납을 요구하는 경우가 많아요. 시간이 촉박해 満(まん)タン 상태로 반납하지 못할 경우 부족분만큼의 기름값을 환산해서 받기도 하는데, 간혹 실제 기름값보다 많은 돈을 지불해야 하는 경우도 있으니 렌터카를 빌릴 때 계약 조건을 꼭 확인하세요.

486
코 - 또 마 데 카 따 미 찌 이 찌 마 이 쿠 다 사 이
京都まで 片道 一枚 ください。
교토까지 편도 한 장 주세요.

신칸센을 이용할 때 알아두면 유용한 표현들을 익혀 봅시다.

487
츠 기 노 쿄 - 또 유 끼 노 렛 샤 와 난 지 데 스 까
次の 京都行きの 列車は 何時ですか。 다음 교토행 열차는 몇 시예요?

488
마 도 가 와 노 세 끼 데 오 네 가 이 시 마 스
窓側の 席で お願いします。 창가 자리로 부탁드려요.

489
코 꼬 와 와 따 시 노 세 끼 난 데 스 께 도
ここは 私の 席なんですけど。 여기는 제 자리인데요.

490
렛 샤 니 노 리 오 꾸 레 마 시 따 가
列車に 乗り遅れましたが。 열차를 놓쳤는데요.

단어 Pick ▶ 片道(かたみち) 편도 | ください 주세요 | 列車(れっしゃ) 열차 | 窓側(まどがわ) 창가, 창쪽 | 席(せき)
자리, 좌석 | ～で ~(으)로 | 乗(の)り遅(おく)れる (차·배 등을) 놓치다, 시간이 늦어 못 타다

표현 Pick

○ **一枚(いちまい) ください** '한 장 주세요'라는 뜻으로 승차권을 살 때 유용하게 쓸 수
있는 표현이에요. ～枚(まい)는 종이처럼 얇고 평평한 것을 셀 때 쓰는 말이고, ください는
'주세요'라는 뜻이에요.

한 장	두 장	세 장	네 장	다섯 장
一枚 (いちまい)	二枚 (にまい)	三枚 (さんまい)	四枚 (よんまい)	五枚 (ごまい)
여섯 장	일곱 장	여덟 장	아홉 장	열 장
六枚 (ろくまい)	七枚 (ななまい)	八枚 (はちまい)	九枚 (きゅうまい)	十枚 (じゅうまい)

보이는 실전 일본어

✽ 민규가 친구 병문안을 가려고 택시를 탔어요. 🎧108

민규	핌 뻼 뵤-인마데 오네가이 시 마 스 **ぴんぴん病院まで お願いします。** 씽씽 병원까지 부탁드려요.
기사	하 이 카 시 꼬마리마시 따 **はい、かしこまりました。** 예, 잘 알겠습니다.
민규	뵤-인마데 남뿡구라이 카 까 리 마 스 까 **病院まで 何分ぐらい かかりますか。** 병원까지 몇 분 정도 걸려요?
기사	소 - 데 스 네 코 노 지 깐 따이 다 또 고 롭뿡 **そうですね。 この 時間帯だと 5～6分** 글쎄요. 지금 시간대라면 5~6분 구 라 이 데 츠 꾸 또 오모이 마 스 **ぐらいで 着くと 思います。** 정도면 도착할 거라고 생각합니다.

· · · · · · · · · · · · · · · · · · ·

민규	스 이 마 셍 아 노 코 - 사 뗀노 사끼데 **すいません。 あの 交差点の 先で** 저기요. 저 교차로 앞에서 오 로 시 떼 쿠 다 사 이 **降ろして ください。** 내려 주세요.
기사	코 - 사 뗀 노 사끼데 스 네 **交差点の 先ですね。** 교차로 앞에서 말이지요.
민규	하 이 **はい。** 예.
기사	오 꺅 상 츠 끼 마 시 따 **お客さん、着きました。** 손님, 도착했습니다.

단어 Pick

- ぴんぴん 원기 왕성한 모양, 씽씽
- 病院(びょういん) 병원
- かしこまりました 잘 알겠습니다
  〈かしこまる 황공하여 삼가다, 삼가
  명령을 받들다〉
- 何分(なんぷん) 몇 분
- 時間帯(じかんたい) 시간대
- ～だと ~이라면
- 着(つ)く 도착하다
- ～と 思(おも)う ~라고 생각하다
- すいません 〈누군가에게 말을 걸며〉
  저기요 〈すみません의 회화체 표현〉
- 先(さき) 앞
- 降(お)ろす 〈탈것에서〉 내리다

1 다음 문장을 순서대로 연결해서 대화를 완성해 보세요.

❶ 浅草ですか。浅草橋で 降りて 浅草線に 乗り換えて ください。

❷ 浅草橋まで あと いくつですか。

❸ すいません。浅草に 行きたいんですが。

❹ あと 六つです。

_____ → _____ → _____ → _____

2 다음 동사를 가정형으로 바꿔 보세요.

❶ 乗る _____

❷ 書く _____

❸ 話す _____

❹ 読む _____

❺ 買う _____

정답 1. ③ → ① → ② → ④

2. ① 乗れば   ④ 読めば
   ② 書けば   ⑤ 買えば
   ③ 話せば

마루짱의 블로그
생생한 일본 현지 이야기

프로필 ▶ 쪽지 ▶

```
          이웃
```

category   ∧

─ 전체보기

└ 일본 여행

└ 일본 생활

└ 일본 정보

─────────────

tags   최근 | 인기

일본, 여행, 일본 편의점,
도시락, 일본 디저트, 쇼핑,
일본문화

특유의 감성이 묻어나는

일본의 철도(鉄道)

철도 마니아, 일명 철덕(鉄道オタク : 철도 덕후)의 성지라 불리는 일본.

이용객이 적은 한적한 시간에는 역 플랫폼에서 전철 사진을 찍는 철도 마니아, 즉 덴샤오타쿠(電車オタク : 전철 덕후)를 심심찮게 볼 수 있어요. 일본은 철도 인프라가 잘 형성되어 있고 일본 특유의 감성이 묻어나는 기차역이 많아 철도 마니아가 많은 것도 어찌 보면 당연한 것 같아요.

지하철이 많은 한국과 달리 일본은 덴샤(電車 : 지상으로 다니는 전철)가 많아 길을 걷다 보면 건널목과 그 위를 다니는 전철을 흔히 볼 수 있어요. 지하가 아닌 지상으로 다니다 보니 한국에서는 상상도 못할 일이 일어나기도 하는데, 선로를 향해 날아든 감자 때문에 전철이 지연된다거나, 곰과 부딪히는 사고가 난다거나 하는 거짓말 같은 일들이 실제로 일어나기도 한답니다.

일본 전철의 장점으로는 시간의 정확성이나 승하차 시 승객들의 매너 등을 꼽을 수 있지만, 개인적으로는 '일본 특유의 감성'이 최고의 장점이 아닐까 해요. 일본의 영화나 애니메이션을 보면 건널목과 기차가 등장하는 것을 자주 볼 수 있는데, 그만큼 일본 특유의 따뜻한 감성이 묻어나는 곳이 많아 작품 속 역을 실제로 보기 위해 여행을 가는 사람도 제법 있는 편이에요.

저도 가끔 영화 「君の名は。(너의 이름은.)」에 등장했던 요요기역(代々木駅)이나 「秒速5セ ンチメートル(초속 5센티미터)」의 주제가 가사 속에 등장하는 사쿠라기초역(桜木町駅)을 산책 삼아 걷기도 하고, 전철 사진을 찍기 위해 플랫폼에서 3시간을 보낸 적도 있답니다.

아직까지 '일본 여행' 하면 도쿄타워나 디즈니랜드 같은 관광명소를 떠올리는 분이 많은데, 무작정 아무 전철에 올라타서 마음이 끌리는 역에 내려 주위를 걸어 보는 것도 '진짜 일본'을 경험할 수 있는 좋은 여행 방법이 아닐까요?

후똥오 카시떼 모라에마스까
布団を 貸して もらえますか。
이불을 빌려줄 수 있어요?

에 키 스 토 라 벳 도 오 이 레 떼
エキストラベッドを 入れて

모 라 에 마 스 까
もらえますか。 엑스트라 베드를 넣어 줄 수 있어요?

숙박

무 료- 와 이 화 이 와 아 리 마 스 까
無料 Wi-Fiは ありますか。
무료 와이파이 있어요?

첵 쿠 잉   오 네 가 이 시 마 스
チェックイン、お願いします。
체크인 부탁드려요.

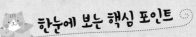
한눈에 보는 핵심 포인트

요 야꾸 시 따 인 데 스 가
491 予約したいんですが。 예약하고 싶은데요.

즐거운 여행을 위해서 가장 중요한 것은 피로를 풀어 줄 편안한 숙소 아닐까요? 숙소 예약에 유용한 표현에 대해 알아봅시다.

요 야꾸 오 토 리 께 시 따 인 데 스 가
492 予約を 取り消したいんですが。 예약을 취소하고 싶은데요.

입 빠꾸 이 꾸 라 데 스 까
493 一泊 いくらですか。 1박에 얼마예요?

쵸-쇼꾸 쯔 끼 데 스 까
494 朝食付きですか。 조식 포함인가요?

츠 인 루 - 무 오 오 네 가 이 시 마 스
495 ツインルームを お願いします。 트윈 룸으로 부탁드려요.

단어 Pick ▶ 予約(よやく) 예약 │ 取(と)り消(け)す 취소하다 │ 一泊(いっぱく) 1박 │ 朝食(ちょうしょく) 조식 │
〜付(つ)き ~포함 │ ツインルーム(twin room) 트윈룸

표현 Pick

○ 予約(よやく)したいんですが '예약하고 싶은데요'라는 뜻이에요. 앞에서 배운 표현들이 알뜰하게 다 모였네요. 복습 차원에서 문장을 분석해 볼까요? 予約(よやく)する는 '명사 予約(よやく)＋する' 형태로 '예약하다', たい는 동사의 ます형에 붙어서 '~하고 싶다'라는 뜻을 나타내죠. んですが는 'んです(~이거든요)＋が(~입니다만)'가 결합한 것으로 '~인데요'라는 뜻입니다.

○ '~박 ~일' 말하기

1泊2日(いっぱく ふつか)	1박 2일
2泊3日(にはく みっか)	2박 3일
3泊4日(さんぱく よっか)	3박 4일
4泊5日(よんはく いつか)	4박 5일

Episode 02 | 체크인/체크아웃

496 チェックイン、お願いします。
첵 쿠 잉 오네가이시마스

予約した チェです。 체크인 부탁드려요. 예약한 최입니다.
요 야꾸시따 췌 데스

호텔 체크인과 체크아웃에 유용한 표현에 대해 알아봅시다.

497 チェックアウトは 何時までですか。 체크아웃은 몇 시까지예요?
첵 쿠 아 우 토 와 난 지 마 데 데 스 까

498 エキストラベッドを 入れて もらえますか。
에 키 스 토 라 벳 도 오 이 레 떼 모 라 에 마 스 까

엑스트라 베드를 넣어 줄 수 있어요?

499 荷物を 預かって もらえますか。 짐을 맡아 줄 수 있어요?
니 모 쯔 오 아즈 깟 떼 모 라 에 마 스 까

500 無料 Wi-Fiは ありますか。 무료 와이파이 있어요?
무 료 - 와 이 화 이 와 아 리 마 스 까

단어 Pick ▶ チェックイン(check in) 체크인 | チェックアウト(check out) 체크아웃 | エキストラベッド(extra bed) 엑스트라 베드 | 入(い)れる 넣다 | ~て もらえますか (남에게) ~해 받을 수 있어요?, ~해 줄 수 있어요? | 荷物(にもつ) 짐 | 預(あず)かる 맡다, 보관하다 | 無料(むりょう) 무료 | Wi-Fi(ワイファイ) 와이파이

표현 Pick

○ て もらえますか 직역하면 '(남에게) ~해 받을 수 있어요?'인데, 우리말로는 '~해 줄 수 있어요?, ~해 줄래요?'라는 뜻이에요. 상대방에게 뭔가를 해 달라고 부탁할 때 써요.

交換(こうかん)して もらえますか。 교환해 줄 수 있어요?

部屋(へや)を 変(か)えて もらえますか。 방을 바꿔 줄 수 있어요?

荷物(にもつ)を 運(はこ)んで もらえますか。 짐을 옮겨 줄 수 있어요?

타 오 루 다 께 코 - 깐 시 떼 쿠 다 사 이
501 タオルだけ 交換して ください。
수건만 교환해 주세요.

호텔의 다양한 서비스를 즐겨 봅시다.

후 똥 오 카 시 떼 모 라 에 마 스 까
502 布団を 貸して もらえますか。 이불을 빌려줄 수 있어요?

쿠 리 - 닝 구 사 - 비 스 와 아 리 마 스 까
503 クリーニング サービスは ありますか。 드라이클리닝 서비스 있어요?

루 - 무 사 - 비 스 오 오 네 가 이 데 끼 마 스 까
504 ルームサービスを お願いできますか。 룸 서비스를 부탁할 수 있나요?

모 - 닝 구 코 - 루 오 오 네 가 이 시 따 인 데 스 가
505 モーニングコールを お願いしたいんですが。
모닝콜을 부탁하고 싶은데요.

단어 Pick タオル(towel) 타월, 수건 │ ～だけ ~만, ~뿐 │ 交換(こうかん) 교환 │ 布団(ふとん) 이불 │ 貸(か)す 빌려주다 │
クリーニング 드라이클리닝〈ドライクリーニング의 준말〉 │ サービス(service) 서비스 │ ルームサービス(room service)
룸 서비스 │ お願(ねが)い 부탁 │ できる 할수 있다 │ モーニングコール(morning call) 모닝콜

표현 Pick

○ **2그룹 동사의 가능형 만들기** 2그룹 동사의 끝 글자 る를 떼고 られる를 붙이면 '~할 수 있다'라는 뜻의 가능 동사가 돼요.

開(あ)ける 열다	끝 글자 る를 떼고	開(あ)けられる 열수 있다
見(み)る 보다	+られる →	見(み)られる 볼수 있다

○ **3그룹 동사의 가능형 만들기** 3그룹 동사는 불규칙하게 변하기 때문에 가능 동사도 외울 수밖에 없어요.

来(く)る 오다	→	来(こ)られる 올수 있다
する 하다		できる 할수 있다

Episode **04** | 112 | **객실 불편사항 알리기**

506 와 이 화 이 가 　 츠 나 가 리 마 　 셍 　 가
Wi-Fiが つながりませんが…。
와이파이가 연결이 안 되는데요….

객실 이용에 불편한 점은 프런트에 바로 알려서 도움을 받으세요.

507 테 레 비 가 　 우 쯔 리 마 　 셍 　 가
テレビが 映りませんが…。　TV가 안 나오는데요….

508 토 이 레 노 　 미 즈 가 　 나 가 레 마 　 셍 　 가
トイレの 水が 流れませんが…。　화장실 물이 안 내려가는데요….

509 에 아 콩 　 가 　 코 쇼- 시 떼 　 이 마 스 가
エアコンが 故障して いますが…。　에어컨이 고장 났는데요….

510 샤 　 와- 노 　 오 유 가 　 데 마 　 셍 　 가
シャワーの お湯が 出ませんが…。　샤워기에 따뜻한 물이 안 나오는데요….

단어 Pick つながる 이어지다, 연결되다 | テレビ 텔레비전, TV〈テレビジョン의 준말〉 | 映(うつ)る (영상으로) 비치다 |
水(みず) 물 | 流(なが)れる 흐르다 | エアコン 에어컨 | 故障(こしょう)する 고장 나다 | シャワー(shower)
샤워, 샤워장치 | お湯(ゆ) 따뜻한 물 | 出(で)る 나오다

표현 Pick

○ 故障(こしょう)して います '고장 났어요'라는 뜻으로, て いる를 써서 '고장 난 상태'
　를 나타내요.

○ **표현 늘리기**

　部屋(へや)が 寒(さむ)いです。 방이 추워요.

　テレビが 壊(こわ)れて います。 TV가 고장 났어요.

　ドアの 鍵(かぎ)が かかりません。 문 열쇠가 안 잠겨요.

　トイレットペーパーが ありません。 (두루마리) 휴지가 없어요.

　隣(となり)の 部屋(へや)が うるさいです。 옆방이 시끄러워요.

✽ 출장 온 겐토가 호텔에 도착했어요. 🎧113

프런트
이 랏 샤 이마세
いらっしゃいませ。
어서 오세요.

겐토
콤 방 와 첵 쿠잉 오 네 가 이 시 마 스
こんばんは。チェックイン お願いします。
안녕하세요. 체크인 부탁드려요.

요 야꾸 와 시 떼 아 리 마 스
予約は して あります。
예약은 해 뒀어요.

프런트
코 찌 라 니 오 나 마에오 오 네 가 이 시 마 스
こちらに お名前を お願いします。
여기에 성함을 부탁드려요[적어 주세요].

겐토
코 레 데 이 - 데 스 까
これで いいですか。
이렇게 쓰면 돼요?

프런트
하 이 쇼 - 쇼 - 오 마 찌 꾸 다 사 이
はい。少々 お待ちください。
예. 잠시 기다려 주세요.

· · · · · · · · · · ·

프런트
오 마 따 세 시 마 시 따
お待たせしました。
오래 기다리셨습니다.

코 찌 라 와 루 - 무 키 - 또 쵸- 쇼꾸 껜 데 스
こちらは ルームキーと 朝食券です。
이건 객실 열쇠와 조식권입니다.

겐토
와 이 화 이 노 파 스 와 - 도 와 난 데 스 까
Wi-Fiの パスワードは 何ですか。
와이파이 패스워드는 뭐예요?

프런트
루 - 무 남 바 - 데 스
ルームナンバーです。
객실 번호입니다.

겐토
와 까 리 마 시 따 도 - 모
分かりました。どうも。
알겠습니다. 감사합니다.

단어 Pick

◦ いらっしゃいませ 어서 오세요
◦ 타동사＋て ある ~해져 있다, ~해 두다 〈의도적인 상태를 나타냄〉
◦ お名前(なまえ) 성함
◦ 少々(しょうしょう) 잠깐, 잠시
◦ お+동사의 ます형+ください ~해 주세요 〈존경 표현〉
◦ お待(ま)たせしました 오래 기다리셨습니다
◦ ルームキー(room kye) 객실 열쇠
◦ 朝食券(ちょうしょくけん) 조식권
◦ パスワード(password) 패스워드
◦ ルームナンバー(room number) 룸 번호, 객실 번호

표현 Pick

◦ お待(ま)たせしました
'오래 기다리셨습니다'라는 뜻으로, 누군가를 기다리게 했을 때 쓰는 표현이에요. 친한 사이에서는 お待(ま)たせ라고 짧게 줄여서 말해요.

1 다음 동사를 가능형으로 바꿔 보세요.

❶ 来る _____   ❷ 出る _____

❸ 起きる _____   ❹ する _____

❺ 考える _____

2 주어진 표현을 문장에 맞게 바꿔 보세요.

❶ 荷物を _____

짐을 맡아 줄 수 있어요? 預かる/もらう

❷ モーニングコールを _____

모닝콜을 부탁할 수 있어요? お願いする

❸ 予約を _____

예약을 취소하고 싶은데요…. 取り消す

정답 1.① 来られる   ⑤ 考えられる
       ② 出られる   2.① 預かって もらえますか。
       ③ 起きられる   ② お願いできますか。
       ④ できる   ③ 取り消したいんですが…。

마루짱의 블로그
생생한 일본 현지 이야기

프로필 ▶ 쪽지 ▶

| 이웃 |

category ∧

– 전체보기

ㄴ 일본 여행

ㄴ 일본 생활

ㄴ 일본 정보

tags   최근 | 인기

일본, 여행, 일본 편의점,
도시락, 일본 디저트, 쇼핑,
일본문화

일상생활에서의

일본은 어떤 느낌일까?

여러분은 일본 하면 가장 먼저 무엇이 떠오르나요?

도쿄타워(東京タワー), 도톤보리(道頓堀), 도쿄디즈니랜드(東京ディズニーランド) 같은 유명 관광지를 떠올리는 분들이 많겠죠? 매년 많은 사람이 일본을 방문하는 만큼 이런 관광명소는 한 번쯤 가 봤을 텐데 현지인들의 평범한 생활을 경험할 기회는 좀처럼 없을 거예요.

제가 가장 추천하는 곳은 유명한 관광지가 아닌 일상생활이 묻어나는 한적한 주택가입니다. 시끌벅적한 도시의 중심가에서 골목 하나만 들어가도 다른 세상에 온 것 같은, 마치 영화 속 한 장면 같은 고즈넉함을 느낄 수 있다는 것이 일본의 가장 큰 매력 중 하나거든요.

　각자의 세월을 고스란히 담은 차분한 느낌의 주택, 골목 사이사이 자리 잡은 포렴(暖簾)을
드리운 소박한 식당, 아침 일찍 역으로 향하는 비슷한 복장의 회사원들. 뭔가 말로 형용할 수
없는 독특한 분위기에 홀려, 멈춰 서서 사진을 찍기도 해요.

　이렇게 골목골목을 돌아다니다 보면 작은 음식점을 볼 수 있는데, 대개는 연세 지긋한 부부
가 운영하는 백반집(定食屋)이나 메밀집(蕎麦屋)이 많답니다. 동네 사람들 사이에 섞여 달그
락거리는 그릇 소리를 배경 음악 삼아 먹는 늦은 점심. 평범한 일상이지만 여행객들에게는 잊
지 못할 추억이 될 거예요.

　똑같은 여행 코스가 조금 지겨워질 무렵, 시끄러운 도시의 소음에서 잠시 벗어나고 싶을 때
한적한 주택가를 산책 삼아 걸어 보는 건 어떨까요?

시 쨔꾸 시 떼모 이ー데스까
試着しても いいですか。
입어 봐도 돼요?

마 네 킹 가 키떼루 스 카ー토 와 도 레데스까
マネキンが 着てる スカートは どれですか。
마네킹이 입고 있는 스커트는 어느 거예요?

쇼핑

모 - 스꼬시 오-끼 - 사이즈와 아리마 셍 까
もう 少し 大きい サイズは ありませんか。
조금 더 큰 사이즈는 없어요?

호까노 이로와 아리마스 까
他の 色は ありますか。
다른 색 있어요?

한눈에 보는 핵심 포인트

보이는 일본어 쇼핑 한마디

보이는 일본어 쇼핑 한마디

511 코 레 쿠 다 사 이
これ ください。 이거 주세요.

무언가를 고르거나 살 때 유용한 표현에 대해 알아봅시다.

512 춋 또 미떼루다께데스
ちょっと 見てるだけです。 잠깐 보는 거예요.

513 호까노 이로와 아리마스 까
他の 色は ありますか。 다른 색 있어요?

514 못 또 야스이노와 아리마 셍 까
もっと 安いのは ありませんか。 더 싼 건 없어요?

515 모 - 스꼬시 오-끼- 사 이즈와 아리마 셍 까
もう 少し 大きい サイズは ありませんか。
조금 더 큰 사이즈는 없어요?

단어 Pick 他(ほか) 다른 (것) | 色(いろ) 색, 색깔 | もっと 더, 더욱 | 安(やす)い 싸다 | もう 少(すこ)し 조금 더 |
大(おお)きい 크다 | サイズ(size) 사이즈

표현 Pick

○ 표현 늘리기 ❶

どれに しますか。 어느 걸로 할래요?

どれが いいですか。 어느 게 좋아요?

どこで 支払(しはら)いますか。 어디서 계산해요?

エスカレーターは どこですか。 에스컬레이터는 어디 있어요?

どこへ 行(い)けば 安(やす)く 買(か)えますか。 어디로 가면 싸게 살 수 있어요?

一番(いちばん) 大(おお)きい ショッピングモールは どこですか。
가장 큰 쇼핑 몰은 어디예요?

카 — 도 데 시 하 라 이 마 스
516 **カードで 支払います。** 카드로 지불할게요.

물건값 계산과 포장 요청을 할 때 유용한 표현에 대해 알아봅시다.

젬 부 데 이 꾸 라 데 스 까
517 **全部で いくらですか。** 전부 해서 얼마예요?

모 — 스 꼬 시 야 스 꾸 시 떼 모 라 에 마 셍 까
518 **もう 少し 安くして もらえませんか。** 조금 더 싸게 해 주지 않을래요?

베 쯔 베 쯔 니 츠 쯘 데 쿠 다 사 이
519 **別々に 包んで ください。** 따로따로 포장해 주세요.

푸 레 젠 토 요 — 니 츠 쯘 데 모 라 에 마 스 까
520 **プレゼント用に 包んで もらえますか。**
선물용으로 포장해 줄래요?

단어 Pick ▶ カード (신용) 카드 〈クレジットカード의 준말〉 | 支払(しはら)う 지불하다 | 全部(ぜんぶ)で 전부 해서 | いくら
얼마 | 安(やす)い 싸다 | 別(べつべつ) 따로따로, 각각 | 包(つつ)む 싸다, 포장하다 | プレゼント(present)用(よう)
선물용

표현 Pick

◦ **て もらえませんか** 직역하면 '(남에게) ~해 받을 수 없어요?'인데, 앞에서 배운 て も
らえますか(~해 줄 수 있어요?, ~해 줄래요?)보다 정중한 느낌을 줘요. 해석은 '~해 주지 않
겠어요?, ~해 주지 않을래요?'라고 하면 돼요.

문화 Pick

◦ **消費税(しょうひぜい)** 일본에서 물건을 살 때에는 상품에 표
시된 가격 외에 별도로 소비세를 지불해야 해요. 2019년 10월
부터 소비세가 8%에서 10%로 상승되었는데, 식음료와
신문은 제외라고 하네요. 税込(ぜいこ)み(세금 포함)라
고 되어 있으면 표기되어 있는 가격만 지불하면 돼요.

시 쨔꾸 시 떼 모 이 - 데 스 까
521 **試着しても いいですか。** 입어 봐도 돼요?

옷을 살 때 유용한 표현에 대해 알아봅시다.

코 레 와 후 리 - 사 이 즈 데 스 까
522 **これは フリーサイズですか。** 이건 프리사이즈예요?

사 이 즈 와 에 무 데 스
523 **サイズは Mです。** 사이즈는 M이에요.

촛 또 미지까 이 데 스
524 **ちょっと 短いです。** 조금 짧아요.

사 이 즈 가 아 와 나 인 데 스 께 도
525 **サイズが 合わないんですけど…。** 사이즈가 안 맞는데요….

단어 Pick ▶ 試着(しちゃく) (옷이 맞는지) 입어 봄 | フリーサイズ 프리사이즈 | 短(みじか)い 짧다 | 合(あ)う (치수 등이)
맞다

표현 Pick

○ 표현 늘리기 ❷

ちょっと きついです。 좀 끼어요.

バーゲンは いつまでですか。 세일은 언제까지예요?

試着室(しちゃくしつ)は どこですか。 피팅룸은 어디 있어요?

すみません、またに します。 죄송해요, 다음에 할게요.

すみません、もう 少(すこ)し 考(かんが)えて みます。
죄송해요, 조금 더 생각해 볼게요.

それは ちょっと…。 他(ほか)のを 見(み)せて ください。
그건 좀…. 다른 걸 보여 주세요.

一回(ひとまわ)り 大(おお)きい サイズを お願(ねが)いします。
한 치수 큰 사이즈를 부탁드려요.

스 니 - 카 - 오 사가시떼 이 마 스 가
526 **スニーカーを 探して いますが。**
운동화를 찾고 있는데요.

신발을 살 때 유용한 표현에 대해 알아봅시다.

히 - 루 노 히꾸이 쿠쯔 와 아리마스 까
527 **ヒールの 低い 靴は ありますか。** 굽이 낮은 신발 있어요?

코 노 쿠쯔노 소자이와 난 데 스 까
528 **この 靴の 素材は 何ですか。** 이 신발의 소재는 뭐예요?

하바 가 히로이 쿠쯔 와 아 리 마 스 까
529 **幅が 広い 靴は ありますか。** 볼이 넓은 신발 있어요?

코 노 쿠쯔 와 츠 마 사끼 가 키 쯔 이 데 스
530 **この 靴は つま先が きついです。** 이 신발은 발끝이 끼어요.

단어 Pick ▶ スニーカー(sneakers) 운동화, 스니커즈 | 探(さが)す 찾다 | ヒール 힐, 구두 뒤축 | 低(ひく)い 낮다 | 靴(く
つ) 신, 신발, 구두 | 素材(そざい) 소재 | 幅(はば) 폭, 너비 | 広(ひろ)い 넓다 | つま先(さき) 발끝 | きつい 꼭 끼다

표현 Pick

○ **표현 늘리기 ❸**

靴(くつ)を 履(は)く 신발을 신다

靴(くつ)を 脱(ぬ)ぐ 신발을 벗다

靴(くつ)が 足(あし)に 合(あ)わない 신발이 발에 맞지 않다

かかとが 痛(いた)い 뒤꿈치가 아프다

문화 Pick

○ **신발 사이즈** 우리는 신발 사이즈를 mm 단위로 표시하는데, 일본은 cm 단위로 표시해요.

한국(mm)	…	235	240	245	250	255	260	265	270	…
일본(cm)	…	23.5	24.0	24.5	25.0	25.5	26.0	26.5	27.0	…

아따따 메 떼　모라에마스 까
531 **温めて もらえますか。** 데워 줄 수 있어요?

편의점을 이용할 때 유용한 표현에 대해 알아봅시다.

오 벤 또-와　자이꼬기 레데스 까
532 **お弁当は 在庫切れですか。** 도시락은 품절이에요?

야 사이와　도 꼬니　아리마스 까
533 **野菜は どこに ありますか。** 채소는 어디에 있어요?

캉 코-히-가　미쯔까라나 인 데스께도
534 **缶コーヒーが 見つからないんですけど。** 캔 커피가 안 보이는데요.

오꾸니　아루노오　밋쯔　쿠다사 이
535 **奥に あるのを 三つ ください。** 안쪽에 있는 것을 세 개 주세요.

단어 Pick ▶ 温(あたた)める 데우다 │ お弁当(べんとう) 도시락 │ 在庫切(ざいこぎ)れ 품절 │ 野菜(やさい) 채소 │ 缶(かん)コーヒー 캔 커피 │ 見(み)つかる 찾던 것을 찾(게 되)다, 발견되다 │ 奥(おく) 안, 속, 깊숙한 곳 │ 三(みっ)つ 3개

표현 Pick

○ 커피 종류

따뜻한 커피	아이스커피	아메리카노(커피)	카페라떼
ホットコーヒー	アイスコーヒー	アメリカン(コーヒー)	カフェラテ
카페모카	카푸치노	카페오레	마키아토
カフェモカ	カプチーノ	カフェオーレ	マキアート

536 胃薬は どこですか。
이 구스리 와 도 꼬 데 스 까

위장약은 어디 있어요?

여행 가서 아프면 정말 서럽죠? 드러그스토어에서 간단한 약품을 구입해 봅시다.

537 消化剤は ありますか。
쇼- 까 자이 와 아 리 마 스 까

소화제 있어요?

538 湿布は どこに ありますか。
십 뿌 와 도 꼬 니 아 리 마 스 까

파스는 어디에 있어요?

539 日焼け止めは どれが いいんですか。
히 야 께 도 메 와 도 레 가 이 인 데 스 까

자외선 차단제는 뭐가 좋나요?

540 二日酔いに 効く 薬 ありますか。
후쯔까 요 이 니 키 꾸 쿠스리 아 리 마 스 까

숙취에 잘 듣는 약 있어요?

단어 Pick 胃薬(いぐすり) 위장약 | 消化剤(しょうかざい) 소화제 | 湿布(しっぷ) 파스 | 日焼(ひや)け止(ど)め
자외선 차단제 | 二日酔(ふつかよ)い 숙취 | 効(き)く 잘 듣다, 효력이 있다 | 薬(くすり) 약

표현 Pick

○ 표현 늘리기 ❹

風邪薬(かぜぐすり)は ありますか。 감기약 있어요?

頭痛薬(ずつうやく)は ありますか。 두통약 있어요?

鎮痛剤(ちんつうざい)は ありますか。 진통제 있어요?

解熱剤(げねつざい)は ありますか。 해열제 있어요?

一日(いちにち) 何回(なんかい) 飲(の)みますか。 하루에 몇 번 먹어요?

一回(いっかい) 何錠(なんじょう) 飲(の)みますか。 한 번에 몇 알 먹어요?

문화 Pick

○ 일본의 드러그스토어 일본의 드러그스토어는 처방전 없이 살 수 있는 일반 의약품은 물론
건강용품과 생활용품, 음료, 과자 등을 팔고 있어 아주 편리한 곳이에요.

541 シャーペンは どこですか。 샤프는 어디 있어요?
샤 - 펭 와 도꼬데스 까

문구류를 살 때 유용한 표현에 대해 알아봅시다.

542 文房具は 何階ですか。 문구는 몇 층이에요?
붐보-구 와 낭가이데스 까

543 小学生に 人気の ある 文房具は どんなのですか。
쇼 - 각세 - 니 닝끼노 아루 붐보-구 와 돈 나노데스 까

초등학생에게 인기 있는 문구는 어떤 거예요?

544 ボールペンの 替え芯は どこに ありますか。
보 - 루펜 노 카에싱와 도꼬니 아리마스 까

볼펜 교체용 심은 어디에 있어요?

545 これより 細い 芯は ありませんか。 이거보다 가는 심은 없어요?
코 레 요리 호소이 싱와 아리마 셍 까

단어 Pick シャーペン 샤프〈シャープ・ペンシル의 준말〉│ 文房具(ぶんぼうぐ) 문구 │ 何階(なんがい・なんかい) 몇
층 │ 小学生(しょうがくせい) 초등학생 │ 人気(にんき) 인기 │ ボールペン(ball pen) 볼펜 │ 替(か)え芯(しん)
(볼펜 등의) 교체용 심 │ 細(ほそ)い 가늘다 │ 芯(しん) 심

표현 Pick

◦ 층수 말하기

1층	2층	3층	4층	5층
一階 (いっかい)	二階 (にかい)	三階 (さんがい・さんかい)	四階 (よんかい)	五階 (ごかい)
6층	7층	8층	9층	10층
六階 (ろっかい)	七階 (ななかい)	八階 (はっかい)	九階 (きゅうかい)	十階 (じっかい・じゅっかい)

◦ 人気(にんき)の ある 文房具(ぶんぼうぐ) 우리말 '~이, ~가'에 해당하는 일본어 조
사는 が인데, 문장에서 뒤에 오는 술어의 주어나 대상이 되는 말을 가리킬 때에는 'の'를 쓰기
도 해요.

Episode 08 🎧 121 | 전자제품 사기

<ruby>사이싱가따노오 미세떼 쿠다사이</ruby>
546 **最新型のを 見せて ください。** 최신형인 걸 보여 주세요.

전자제품을 살 때 유용한 표현에 대해 알아봅시다.

<ruby>카메라오 카이따인데스가</ruby>
547 **カメラを 買いたいんですが。** 카메라를 사고 싶은데요.

<ruby>오스스메노 모데루오 미세떼 쿠다사이</ruby>
548 **お勧めの モデルを 見せて ください。** 추천 모델을 보여 주세요.

<ruby>못 또 카루이 모노와 아리마셍 까</ruby>
549 **もっと 軽い 物は ありませんか。** 좀 더 가벼운 건 없어요?

<ruby>코레와 데자잉가 춋 또</ruby>
550 **これは デザインが ちょっと…。** 이건 디자인이 좀….

단어 Pick ▶ 最新型(さいしんがた) 최신형 │ ～の ~인, ~의 것〈소유대명사〉 │ 見(み)せる 보여 주다 │ カメラ(camera) 카메라 │ お勧(すす)め 추천 │ モデル(model) 모델 │ 軽(かる)い 가볍다 │ 物(もの) 것, 물건 │ デザイン 디자인

표현 Pick

∘ 어휘 늘리기

テレビ	텔레비전, TV
冷蔵庫(れいぞうこ)	냉장고
洗濯機(せんたくき)	세탁기
エアコン	에어컨
扇風機(せんぷうき)	선풍기
掃除機(そうじき)	청소기
電子(でんし)レンジ	전자레인지
電気圧力鍋(でんきあつりょくなべ)	전기압력밥솥

유이가 옷을 사러 왔어요. 🎧122

점원 　이 랏 　샤 　이마세
　　　いらっしゃいませ。
　　　어서 오세요.

유이 　아 노-　마 네 킹 가 　키 떼루
　　　あのう、マネキンが　着てる
　　　저어,　　　　마네킹이　　　　　　입고 있는

　　　스 카-토 와 　도 레 데 스 까
　　　スカートは　どれですか。
　　　스커트는　　　　어느 거예요?

점원 　하이 　코 찌 라 데 스
　　　はい、こちらです。
　　　예,　　　　이거예요.

유이 　콩 이로노 오 　시 쨔꾸시 떼모 　이-데 스 까
　　　紺色のを　試着しても　いいですか。
　　　남색 스커트를　　입어 봐도　　　　돼요?

점원 　하이 　도-조 　시 쨔꾸시쯔 와 　아 찌 라 데 스
　　　はい、どうぞ。試着室は　あちらです。
　　　네,　　　입어 보세요.　피팅룸은　　　　저쪽이에요.

　　　· · · · · · · · · · · · · · ·

점원 　이 까 가 데 스 까
　　　いかがですか。
　　　어떠세요?

유이 　핏 따 리데 스 　코 레 　쿠 다 사 이
　　　ぴったりです。これ　ください。
　　　딱 맞아요.　　　　이거　　주세요.

점원 　아 리 가 또-고 자 이 마 스
　　　ありがとうございます。
　　　고맙습니다.

　　　오 까이께-와 　코 찌 라 데 　오 네 가 이 시 마 스
　　　お会計は　こちらで　お願いします。
　　　계산은　　　　이쪽에서　　　부탁드려요[해 주세요].

단어 Pick

○ あのう 저, 저어〈머뭇거리거나 말을 걸 때 쓰는 말〉
○ マネキン 마네킹
○ 紺色(こんいろ) 남색
○ 試着室(しちゃくしつ) 옷이 맞는지 입어 보는 방, 피팅룸
○ いかがですか 어떠십니까?
○ ぴったりだ (옷 등이) 딱 맞다
○ お会計(かいけい) (식당 등에서의) 계산

표현 Pick

■ 색깔을 나타내는 말

○ 黒(くろ)い 검다
○ 白(しろ)い 하얗다
○ 赤(あか)い 빨갛다
○ 青(あお)い 파랗다
○ 黄色(きいろ)い 노랗다
○ 茶色(ちゃいろ) 갈색
○ 紺色(こんいろ) 남색
○ 紫色(むらさきいろ) 보라색
○ 空色(そらいろ) 하늘색
○ ピンク 핑크
○ 緑(みどり)の色(いろ) 녹색

1 다음 문장을 일본어로 옮겨 보세요.

❶ 따로따로 포장해 주세요.

_____

❷ 최신형인 걸 보여 주세요.

_____

❸ 캔 커피를 5개 주세요.

_____

2 다음 빈칸에 알맞은 말을 넣어 보세요.

❶ 頭痛 _____ 効く 薬 ありますか。

❷ 全部 _____ いくらですか。

❸ 小学生に 人気 _____ ある シャーペンです。

정답 1.①別々に 包んで ください。   2.①に
　　　②最新型のを 見せて ください。   ②で
　　　③缶コーヒーを 五つ ください。   ③の

마루짱의 블로그
생생한 일본 현지 이야기

프로필 ▶ 쪽지 ▶

이웃

category ∧

– 전체보기

ㄴ 일본 여행

ㄴ 일본 생활

ㄴ 일본 정보

tags   최근 | 인기

일본, 여행, 일본 편의점,
도시락, 일본 디저트, 쇼핑,
일본문화

일본에 오면 꼭
드러그스토어(ドラッグストア)에
가야 하는 이유

일본을 찾은 관광객이라면 꼭 들르게 되는 드러그스토어(ドラッグストア).

일본에 온 지 얼마 안 되었을 때, 드러그스토어로 쇼핑을 가자는 친구의 말에 "왜, 어디 아파?"하고 되물었던 기억이 나요.

드러그스토어는 직역하면 '약국'이라는 의미지만, 의약품은 물론 생필품이나 식료품, 화장품 등에 이르기까지 다양한 상품을 파는 곳이에요. 저도 일주일에 두 번 정도 드러그스토어를 찾곤 하는데, 그때마다 매장을 빼곡히 채운 관광객의 행렬에 깜짝 놀랄 때가 많아요. '드러그스토어 털기'란 단어까지 생겼을 정도로 드러그스토어는 일본 여행에서 빠질 수 없는 쇼핑의 메카로 자리 잡았어요.

    사람들이 드러그스토어를 찾는 이유는 저렴한 가격으로 질 좋은 제품을 살 수 있기 때문인데, 관광객의 경우 일정 금액 이상 구매하면 면세(免税) 혜택을 받을 수 있을 뿐 아니라, 같은 브랜드라도 점포마다 가격 차이가 있어서 발품을 팔면 팔수록 더욱 싸게 살 수 있답니다. 심지어 드러그스토어 가격 비교 앱(アプリ)도 있다고 하니 쇼핑을 하기 전에 최대한 많이 알아보시길 추천합니다.

    이렇게 저렴하게 물건을 살 수 있는 이유는 일본에는 전국적으로 수십 개의 크고 작은 드러그스토어가 있어 그들간의 경쟁이 치열하기 때문이라고 해요.

    가격 경쟁은 물론 저마다 더 많은 손님을 끌어모으기 위해 타 기업과 콜라보한 상품도 있다고 하니 소비자인 우리로서는 이득이겠죠? 다양한 물건을 저렴하게 살 수 있는 것은 물론, 진열되어 있는 상품을 구경하다 보면 일본인들의 소비 패턴까지 알 수 있어 간접적으로나마 일본 생활을 체험해 볼 수 있는 재미도 있답니다.

모 찌 까 에 리 데   오 네 가 이 시 마 스
持ち帰りで お願いします。
포장해 주세요.

비 - 셋 토 또 코 - 라 쿠 다 사 이
Bセットと コーラ ください。
B세트와 콜라 주세요.

식당

고한노 오까와리와 데끼마스 까
ご飯の お代わりは できますか。
밥 리필 되나요?

아노- 통까쯔
あのう、とんかつ、
마다데스 까
まだですか。
저어, 돈가스 아직이에요?

이 따 다 끼 마 스
551 いただきます。 잘 먹겠습니다.

식사할 때 주고받는 표현에는 어떤 것이 있는지 알아봅시다.

고 찌 소 - 사 마 데 시 따
552 ごちそうさまでした。 잘 먹었습니다.

모 - 스꼬시 이 까 가 데 스 까
553 もう 少し いかがですか。 조금 더 어떠세요?

이 - 에 모 - 켁꼬데스
554 いいえ、もう 結構です。 아니요, 이제 됐어요[충분해요].

모 - 오 나 까 가 입 빠이데스
555 もう お腹が いっぱいです。 이제 배 불러요.

단어 Pick いかがですか 어떠십니까 | 結構(けっこう)だ 이제 됐다, 충분하다 | お腹(なか)が いっぱいだ 배 부르다

문화 Pick

○ **일본의 식사 예절**

1. 밥그릇보다 젓가락을 먼저 들면 안 돼요.
2. 젓가락으로 음식을 찔러 먹으면 안 돼요.
3. 젓가락으로 음식을 주고 받으면 안 돼요.
4. 그릇을 젓가락으로 끌어오면 안 돼요.
5. 한쪽을 다 먹은 생선을 뒤집어 먹으면 안 돼요.

코 시쯔 와　아 리 마 스 까
556 **個室は ありますか。** 룸 있어요?

식당을 예약할 때 유용한 표현에 대해 알아봅시다.

킹 엔세끼오　오 네가이 시 마 스
557 **禁煙席を お願いします。** 금연석을 주세요.

마도기와 노　세끼 와　아 리 마 스 까
558 **窓際の 席は ありますか。** 창가 자리 있어요?

콩 야 하찌지 니　요 야꾸오　이 레 따 인 데 스 가
559 **今夜 8時に 予約を 入れたいんですが。**

오늘 밤 8시에 예약하고 싶은데요.

게쯔요- 비 니　요닌데　요 야꾸데 끼 마 스 까
560 **月曜日に 4人で 予約できますか。** 월요일에 네 명 예약할 수 있어요?

단어 Pick ▶ 個室(こしつ) 독실, (음식점 등에서) 사방이 막힌 개별실 | 禁煙席(きんえんせき) 금연석 | 窓際(まどぎわ) 창가 |
今夜(こんや) 오늘 밤 | 予約(よやく)を 入(い)れる 예약을 넣다, 예약을 해 두다 | 月曜日(げつようび) 월요일 | ～人
(にん) ~명〈사람을 세는 말〉

표현 Pick

○ 요일 말하기

무슨 요일	월요일	화요일	수요일
何曜日 (なんようび)	月曜日 (げつようび)	火曜日 (かようび)	水曜日 (すいようび)
목요일	금요일	토요일	일요일
木曜日 (もくようび)	金曜日 (きんようび)	土曜日 (どようび)	日曜日 (にちようび)

보이는 일본어 **식당** 한마디

음식 주문과 요구사항 │ Episode **03** 125

---

561 **お勧めは 何ですか。** 추천 요리는 뭐예요?
오 스스 메 와　난 데 스 까

식당에서 음식을 주문할 때 유용한 표현에 대해 알아봅시다.

---

562 **あのう、カレー、まだですか。** 저어, 카레 아직이에요?
아 노 -　카 레 -　　마 다 데 스 까

563 **豚肉 抜きで お願いできますか。** 돼지고기 빼 주실 수 있어요?
부따니꾸　누 끼 데　오 네가 이 데 끼 마 스 까

564 **ご飯の お代わりは できますか。** 밥 리필 되나요?
고 한 노　오 까 와 리 와　데 끼 마 스 까

565 **私が 頼んだ ものじゃ ないんですけど。** 제가 주문한 게 아닌데요.
와따시 가　타 논 다　모 노 쟈　나 인 데 스 께 도

단어 Pick ▶ あのう 저, 저어〈머뭇거리거나 말을 걸 때 쓰는 말〉 │ カレー 카레 │ まだ 아직 │ 豚肉(ぶたにく) 돼지고기 │ 抜(ぬ)き 뺌 │ ご飯(はん) 밥 │ お代(か)わり 같은 음식을 다시 더 먹음, 리필 │ 頼(たの)む 부탁하다, 주문하다

표현 Pick

○ **표현 늘리기❶**

おしぼり ください。 물수건 주세요.

お水(みず)、お願(ねが)いします。 물 부탁드려요[주세요].

メニューを お願(ねが)いします。 메뉴 부탁드려요[주세요].

取(と)り皿(ざら) お願(ねが)いします。 앞접시 부탁드려요[주세요].

---

208 │ YBM 보이는 일본어 회화

566 비-셋 토 또 코-라 쿠 다 사 이
Bセットと コーラ ください。 B세트와 콜라 주세요.

패스트푸드점에서 주문할 때 유용한 표현들을 익혀 봅시다.

567 함 바-가- 또 코-라 후따쯔즈쯔 쿠 다 사 이
ハンバーガーと コーラ 二つずつ ください。

햄버거와 콜라 두 개씩 주세요.

568 케 챱 푸 쿠 다 사 이
ケチャップ ください。 케첩 주세요.

569 파 티 오 츠이까시떼 쿠 다 사 이
パティを 追加して ください。 패티 추가해 주세요.

570 모 찌 까에리 데 오 네가이시마스
持ち帰りで お願いします。 포장해 주세요.

단어 Pick セット(set) 세트 │ コーラ(cola) 콜라 │ ハンバーガー(hamburger) 햄버거 │ 〜ずつ ~씩 │ ケチャップ
(ketchup) 케첩 │ パティ(patty) 패티 │ 追加(ついか) 추가 │ 持(も)ち帰(かえ)り (집으로) 가지고 돌아감, 산 물건을
직접 갖고 감, 테이크 아웃

표현 Pick

○ **표현 늘리기 ❷**

ピザを ください。 피자 주세요.

コーヒーと ジュースを ください。 커피와 주스 주세요.

ハンバーガーと ポテトを ください。 햄버거와 포테이토 주세요.

持(も)ち帰(かえ)りに できますか。 (먹다 남은 음식을 가리키며) 포장 가능한가요?

571 **人気の ねたは 何ですか。** 인기 재료는 뭐예요?

닝 끼 노 네 따 와 난 데 스 까

일본의 대표 먹거리라고 하면 단연 초밥이지요. 초밥집에서 주문할 때 유용한 표현에 대해 알아봅시다.

572 **おいしい 寿司屋を 教えて ください。**

오 이 시 - 스 시 야 오 오 시 에 떼 쿠 다 사 이

맛있는 초밥집을 가르쳐 주세요.

573 **今 旬の ねたは 何ですか。** 지금 제철 재료는 뭐예요?

이마 슌 노 네 따 와 난 데 스 까

574 **お皿の 色で 値段が 分かります。** 접시 색깔로 가격을 알 수 있어요.

오 사 라 노 이로 데 네 당 가 와 까 리 마 스

575 **お決まりで お願いします。** 1인분 세트 메뉴 중 하나로 주세요.

오 끼 마 리 데 오 네가이 시 마 스

단어 Pick　**人気(にんき)** 인기 | **ねた** (요리 등의) 재료 | **寿司屋(すしや)** 초밥집 | **教(おし)える** 가르치다 | **今(いま)** 지금 | **旬(しゅん)** 제철 | **お皿(さら)** 접시 | **色(いろ)** 색 | **値段(ねだん)** 값, 가격 | **分かる(わ)** 알다, 이해하다 | **お決(き)まり** 초밥집의 1인분 세트 메뉴 중 하나로, 생선초밥과 김초밥 등으로 구성됨

문화 Pick

○ **초밥 주문 순서** 초밥은 흰살 생선 → 붉은살 생선 → 기름기 많은 생선 → 달걀초밥 → 김초밥 순으로 담백한 것부터 먹는 것이 재료의 맛을 느낄 수 있다고 합니다.

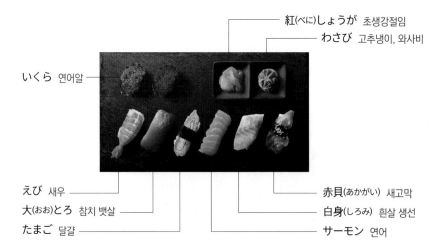

紅(べに)しょうが 초생강절임
わさび 고추냉이, 와사비
いくら 연어알
えび 새우
大(おお)とろ 참치 뱃살
たまご 달걀
赤貝(あかがい) 새고막
白身(しろみ) 흰살 생선
サーモン 연어

576
醤油ラーメン ください。
쇼 - 유 라 - 멩 　 쿠 다 사 이

간장라면 주세요.

일본에서 라면과 우동은 한끼를 책임지는 당당한 요리로 인정받고 있어요. 원하는 메뉴를 주문해 봅시다.

577
きつねうどん お願いします。
키 쯔 네 우 동 　 오 네 가 이 시 마 스

유부우동 주세요.

578
麺大盛りで お願いします。
멩 오 - 모 리 데 　 오 네 가 이 시 마 스

면 곱빼기로 주세요.

579
みそラーメンは 大盛りに できますか。
미 소 라 - 멩 와 오 - 모 리 니 　 데 끼 마 스 까

된장라면은 곱빼기로 가능한가요?

580
私は 豚骨ラーメンが 好きです。
와 따시 와 　 통 꼬 쯔 라 - 멩 가 스 끼 데 스

나는 돈코쓰라면을 좋아해요.

단어 Pick ▶ 醤油(しょうゆ)ラーメン 간장라면 〈간장으로 맛을 낸 국물을 사용한 라면〉 │ きつね(狐)うどん 유부우동 │ 麺(め ん) 면 │ 大盛(おおも)り 곱빼기 │ みそラーメン 된장라면 〈된장으로 맛을 낸 국물을 사용한 라면〉 │ 豚骨(とんこつ) ラーメン 돈코쓰라면 〈돼지뼈 등을 넣고 끓인 육수를 사용한 라면〉

문화 Pick

○ **きつね(狐)うどん** '유부우동'을 말해요. きつね(狐)는 '여우'라는 뜻으로, 여우가 유부를 좋아해서 붙여진 이름이라네요.

간장라면

유부우동

된장라면

돈코쓰라면

코 - 히 - 후따쯔 쿠 다 사 이
581 **コーヒー 二つ ください。** 커피 두 잔 주세요.

여행의 피로도 풀 겸, 카페에 들러 커피 한 잔 어때요? 카페에서 커피를 주문할 때 유용한 표현에 대해 알아봅시다.

아 메 리 캉 코 - 히 - 오 홋 토 데 오네가이시마스
582 **アメリカンコーヒーを ホットで お願いします。**
따뜻한 아메리카노 (커피) 주세요.

숏 토 오 츠이까시떼 쿠 다 사 이
583 **ショットを 追加して ください。** 샷을 추가해 주세요.

나마 쿠 리 - 무 와 노 세 나 이 데 쿠 다 사 이
584 **生クリームは 載せないで ください。** 생크림은 올리지 말아 주세요.

마 구 캅 푸 데 쿠 다 사 이
585 **マグカップで ください。** 머그잔으로 주세요.

단어 Pick ▶ アメリカンコーヒー 아메리카노 (커피) │ ホット(hot) 뜨거운 │ ショット(shot) 샷〈에스프레소를 세는 단위〉│
追加(ついか) 추가 │ 生(なま)クリーム 생크림 │ 載(の)せる 위에 놓다, 얹다 │ マグカップ 머그잔

표현 Pick

○ **표현 늘리기 ❸**

アイスティーを ください。 아이스티 주세요.

エスプレッソと ジュースを ください。 에스프레소와 주스 주세요.

ブレンドコーヒー トールサイズを ください。 블랜드 커피 톨 사이즈 주세요.

カフェラテ ホット ショートを お願(ねが)いします。
카페라떼 따뜻한 거 작은 사이즈 부탁드려요[주세요].

문화 Pick

○ **블랙커피** 우리는 '블랙커피'라고 하면 '아메리카노 (커피)'를 떠올리죠? 그런데 일본에서는
'블랙커피'를 파는 매장과 커피 종류에 따라 ブランドコーヒー(블랜드 커피), アメリカン
(コーヒー)(아메리카노 (커피)), ドリップコーヒー(드립 커피) 등으로 불러요.

586 お釣りが 違うんですけど。 잔돈이 틀린데요.
오 쯔 리 가 치 가 운 데 스 께 도

식사를 마치고 계산! 잔돈과 영수증을 확인해야겠죠. 이때 유용한 표현에 대해 알아봅시다.

587 会計を 別々に できますか。 계산을 따로따로 할 수 있어요?
카 이 께 - 오 베 쯔 베 쯔 니 데 끼 마 스 까

588 この 計算 間違って いませんか。 이 계산 틀리지 않았어요?
코 노 케 - 상 마 찌 갓 떼 이 마 셍 까

589 この クーポンは 使えますか。 이 쿠폰 쓸 수 있어요?
코 노 쿠 - 퐁 와 츠까에마 스 까

590 レシート もらえますか。 영수증 받을 수 있어요?
레 시 - 토 모 라 에 마 스 까

단어 Pick ▶ お釣(つ)り 잔돈 | 違(ちが)う 틀리다, 잘못되다 | 会計(かいけい) (식당 등에서의) 계산 | 間違(まちが)う 틀리다, 잘못되다 | クーポン 쿠폰 | 使(つか)う 사용하다 〈使(つか)える 사용할 수 있다〉 | レシート (receipt) 영수증

표현 Pick

∘ レシート vs 領収書(りょうしゅうしょ) レシート는 '영수증'이라는 뜻으로, 우리가 가게 등에서 물건을 사고 받는 일반적인 영수증, 즉 금전등록기로 금액을 찍은 것을 말해요. '영수증'을 뜻하는 또 다른 표현으로 領収書(りょうしゅうしょ)가 있는데 이는 손으로 직접 작성해서 도장을 찍은 영수증을 말해요.

∘ 표현 늘리기 ❹

レシートを ください。 영수증 주세요.

お釣(つ)りが 間違(まちが)ってます。 잔돈이 틀려요.

お会計(かいけい) お願(ねが)いします。 계산해 주세요.

お勘定(かんじょう) お願(ねが)いします。 계산해 주세요.

✿ 에이타가 선배 소미와 늦은 점심을 먹으러 왔어요. 🎧131

| 소미 | 와따시 와 히 가 와 리 셋 토 이시하라 꿍 와
私は 日替わりセット。石原くんは？
나는 '오늘의 요리 세트'. 이시하라 군은? |

| 에이타 | 보꾸 와 카 루 비 야끼니꾸돈 니 시 마 스
僕は カルビ焼肉丼に します。
나는 갈비불고기덮밥으로 할게요. |

| 소미 | 스 이 마 셍 츄-몽 오네가이 시 마 스
すいません！ 注文 お願いします。
여기요! 주문할게요. |

| 점원 | 하 이 고쮸-몽 오 끼 마 리 데 스 까
はい。ご注文 お決まりですか。
예. 주문 정하셨어요? |

| 에이타 | 히 가 와 리 셋 토 또 카 루 비 야끼니꾸 동 오
日替わりセットと カルビ焼肉丼を
'오늘의 요리 세트'와 갈비불고기덮밥을 |
| | 히또 쯔 즈 쯔 쿠 다 사 이
一つずつ ください。
하나씩 주세요. |

점원	타 이 헨 모-시 와께고 자 이 마 셍 大変 申し訳ございません。 정말 죄송합니다.
	카 루 비 야끼니꾸 동 와 우 리 끼 레 떼 カルビ焼肉丼は 売り切れて 갈비불고기덮밥은 다 팔려
	시 맛 딴 데 스 께 도 しまったんですけど…。 버렸는데요….

| 에이타 | 소 레 쟈 히 가 와 리 셋 토 오
それじゃ 日替わりセットを
그럼 '오늘의 요리 세트'를 |
| | 후따 쯔 쿠 다 사 이
二つ ください。
두 개 주세요. |

단어 Pick

- 日替(ひが)わりセット(set)
매일 바뀌는 세트 요리, 오늘의 요리 세트
- カルビ焼肉丼(やきにくどん)
갈비불고기덮밥
- 注文(ちゅうもん) 주문
- 決(き)まる 정해지다, 결정되다
- 売(う)り切(き)れる 다 팔리다,
매진되다

표현 Pick

- お決(き)まりですか
'お+동사의 ます형/な형용사의
어간+です' 형태를 취하면 '~하십
니다'라는 뜻으로, 존경 표현이 돼
요.
お持(も)ちですか。 갖고 계십니
까?
お好(す)きですか。 좋아하십니
까?

- 売(う)切(き)れて しまったん
ですけど
て しまう는 '~해 버리다, ~하고 말
다'라는 뜻으로 동작의 완료나 후
회, 유감을 나타낼 때 써요.
読(よ)んで しまった。
읽어 버렸다. 〈동작의 완료〉
忘(わす)れて しまった。 잊고
말았다. 〈후회, 유감〉

1 다음 빈칸에 알맞은 인사말을 넣어 대화를 완성해 보세요.

A 今日の 晩ご飯は プルカルビですよ～。 오늘 저녁은 불갈비예요~.

B わあ～、❶ _____ 와~, 잘 먹겠습니다.

❷ _____ 잘 먹었습니다.

A もっと 食べて。 조금 더 먹어.

B もう お腹 いっぱいです。 이제 배불러요.

2 보기와 같이 바꿔 보세요.

> 보기 夜 コーヒーを 飲む。 밤에 커피를 마시다
> → 夜 コーヒーを 飲んで しまいました。 밤에 커피를 마셔 버렸어요.

❶ 先に 寝る 먼저 자다

→ _____ 먼저 자 버렸어요.

❷ けがを する 다치다

→ _____ 다치고 말았어요.

정답 1.①いただきます。　　2.①先に 寝て しまいました。

②ごちそうさまでした。　　②けがを して しまいました。

마루짱의 블로그

생생한 일본 현지 이야기

프로필 ▶   쪽지 ▶

이웃

---

category   ∧

- 전체보기

  ∟ 일본 여행

  ∟ 일본 생활

  ∟ 일본정보

tags   최근 | 인기

일본, 여행, 일본 편의점,
도시락, 일본 디저트, 쇼핑,
일본문화

일본 회사원들의 점심시간은?

모든 직장인들의 최대 고민

"오늘 점심은 뭘 먹을까?"

일본 직장인들도 별반 다를 것 없이 모두 12시만 되면 점심 메뉴 고르기에 한창이에요.

일반 기업의 점심시간은 대개 12시부터 오후 1시까지지만, 요즘은 자율적인 기업이 늘고 있는 추세라 제가 근무하는 직장도 굉장히 자유로운 편이에요.

한국이라면 회사 동료와 함께 식당에 가는 것이 일반적이지만, 일본은 혼자서 점심을 먹는 사람이 많아요. 특히 오피스 거리에는 각종 푸드 트럭과 도시락을 파는 가판대가 늘어서 있고, 편의점에서도 수십 가지의 도시락을 팔고 있어 주변 벤치에서 느긋하게 점심을 먹는 회사원들이 정말 많답니다.

　요일마다 바뀌는 푸드 트럭들을 보면 일본인들이 선호하는 점심 메뉴를 알 수 있는데, 역시 가장 인기가 많은 것은 덮밥(丼) 종류예요. 튀김덮밥(天丼), 닭튀김덮밥(からあげ丼), 스테이크덮밥(ステーキ丼) 같은 메뉴는 하루도 빠지지 않고 나온답니다. 그리고 닭갈비나 김치볶음밥 같은 한국 요리를 파는 푸드 트럭도 자주 나오는 편인데, 그럴 때마다 그 앞에 줄이 가장 길어서 왠지 뿌듯하기도 해요.

　점심시간은 모든 직장인들의 유일한 자유시간이기 때문에 이때만큼은 누구에게도 방해받지 않고 혼자 있고 싶어하는 사람이 많아요. 저도 입사 초반에는 회사 동료들과 함께 점심을 먹곤 했는데, 혼자 밥을 먹는 생활에 익숙해진 지금은 우리나라 예능 방송을 보면서 혼자 도시락을 먹는 시간이 가장 행복하답니다.

　여러분은 동료들과 함께하는 점심시간, 혼자 여유를 즐기는 점심시간, 어느 쪽을 선호하시나요?

하이깐료-와　이꾸라데스까
拝観料は いくらですか。
관람료는 얼마예요?

하이깐지깡와　난지까라
拝観時間は 何時から
난지마데데스까
何時までですか。
관람 시간은 몇 시부터 몇 시까지예요?

관광

돈 나 카따오 마쯧떼
どんな 方を まつって
이 룬 데 스 까
いるんですか。
어느 분을 모시고 있어요?

킹 까꾸지오 이레떼 톳떼
金閣寺を 入れて 撮って
모 라 에 마 스 까
もらえますか。 금각사를 넣어서 찍어 줄래요?

한눈에 보는 핵심 포인트

가 이 도 북 쿠 와 아 리 마 스 까
591 ガイドブックは ありますか。 가이드북 있어요?

관광 안내소에 가면 다양한 관광 정보를 얻을 수 있어요. 자, 알찬 정보를 얻으러 들어가 볼까요?

훼 리 - 와 난 지 니 슙 빠쯔 시 마 스 까
592 フェリーは 何時に 出発しますか。 유람선은 몇 시에 출발해요?

하꾸부쯔 깡 에 하야꾸 이 꾸 호 - 호 - 오 오시에 떼 이 따 다 께 마 스 까
593 博物館へ 早く 行く 方法を 教えて いただけますか。
박물관에 빨리 가는 방법을 가르쳐 주실래요?

코 노 치까꾸니 코 인 록 카 - 와 아 리 마 스 까
594 この 近くに コインロッカーは ありますか。
이 근처에 코인로커 있어요?

안 나 이 시 떼 이 따 다 께 마 셍 까
595 案内して いただけませんか。 안내해 주시지 않겠어요?

단어 Pick ▶ ガイドブック(guidebook) 가이드북 │ フェリー(ferry) 여객선 │ 出発(しゅっぱつ) 출발 │ 博物館(はくぶつかん) 박물관 │ 方法(ほうほう) 방법 │ 近(ちか)く 근처 │ コインロッカー 코인로커 │ 案内(あんない)する 안내하다

표현 Pick

○ **て いただけますか vs て いただけませんか** て いただけますか는 て もらえますか보다 공손한 표현으로, '~해 주실 수 있어요?, ~해 주실래요?'라는 뜻이에요. 상대방에게 뭔가를 해 달라고 부탁할 때 써요. て いただけませんか는 て いただけますか보다 정중한 느낌을 주는 표현으로, '~해 주시지 않겠어요?, ~해 주시지 않을래요?'라는 뜻이에요.

○ **は ありますか** '~은 있어요?'라고 원하는 장소나 물건의 존재를 물을 때 쓰는 표현이에요. 조심할 것은 '무생물'의 존재를 나타낸다는 것. 사람 같은 '생물'의 존재를 물을 때는 は いますか(~는 있어요?)라고 해요.

하이 깐 지 깡 와 　 난 지 까 라 　 난 지 마 데 데 스 까
596 拝観時間は 何時から 何時までですか。

관람 시간은 몇 시부터 몇 시까지예요?

일본은 어디를 가나 신사와 절이 있어서 묘한 분위기가 느껴져요. 자, 들어가 볼까요?

돈 나 카 따 오 　 마 쯧 떼 　 이 룬 데 스 까
597 どんな 方を まつって いるんですか。 어떤 분을 모시고 있어요?

레 끼 시 노 　 후 루 이 　 오 떼 라 데 스 네
598 歴史の 古い お寺ですね。 역사가 오래된 절이군요.

오 - 끼 꾸 떼 　 립 빠 나 　 토 - 데 스 네
599 大きくて 立派な 塔ですね。 크고 멋진 탑이네요.

오 미 꾸 지 오 　 히 - 떼 　 미 따 이 데 스
600 おみくじを 引いて みたいです。 제비를 뽑아 보고 싶어요.

> **단어 Pick** ▶ 拝観(はいかん) 배관 〈신사나 절, 또는 그 안의 보물을 삼가 관람함〉 | 方(かた) 분 | まつる 혼령을 [신으로] 모시다 |
> 歴史(れきし) 역사 | 古(ふる)い 오래되다 | お寺(てら) 절 | 立派(りっぱ)だ 훌륭하다, 더할 나위 없다 | 塔(とう)
> 탑 | おみくじを 引(ひ)く (길흉을 점치는) 제비를 뽑다

표현 Pick

○ **何時(なんじ)から 何時(なんじ)までですか** '몇 시부터 몇 시까지예요?'라는 뜻으
로 시작 시간과 끝나는 시간을 묻는 표현이에요. ～から～までは '~부터 ~까지'라는 뜻으로
장소나 시간 등 범위를 물을 때 쓰면 유용해요.

문화 Pick

○ **おみくじ** 신사나 절에서 길흉을 점쳐 보기 위
해 뽑는 제비를 말하는데, おみくじ(오미쿠지)를
뽑아서 凶(きょう : 흉)이 나오면 보통 신사나 절에 묶
어 두고 가요.

야 규 - 칸 셍 와   하지메 떼 데 스
611 野球観戦は 初めてです。 야구 관전은 처음이에요.

어떤 스포츠를 좋아하시나요? 좋아하는 스포츠에 대해 말해 볼까요?

스 끼나   스 포 - 츠 와   난 데 스 까
602 好きな スポーツは 何ですか。 좋아하는 스포츠는 뭐예요?

도 노   치 - 무 오   오 - 엔 시 마 스 까
603 どの チームを 応援しますか。 어느 팀을 응원해요?

스모 -   오   미 따   코 또 와   아 리 마 스 까
604 相撲を 見た ことは ありますか。 스모를 본 적은 있어요?

사 포 - 타 - 오   시 떼 이 루   쿠 라 부 와   난 데 스 까
605 サポーターを して いる クラブは 何ですか。
서포터를 하고 있는 클럽은 뭐예요?

단어 Pick 野球(やきゅう) 야구 | 観戦(かんせん) 관전 | 初(はじ)めて 처음(으로) | スポーツ(sports) 스포츠 |
チーム(team) 팀 | 応援(おうえん)する 응원하다 | 相撲(すもう) 스모 | サポーター(supporter) 서포터 | クラ
ブ(club) 클럽,동호회

표현 Pick

○ **표현 늘리기 ❶**

この 座席(ざせき)で ください。 이 자리로 주세요.

一番(いちばん) 安(やす)い チケットで ください。 가장 싼 표로 주세요.

競技(きょうぎ)は 何時(なんじ)からですか。 경기는 몇 시부터예요?

この ゾンの席(せき)は どう 行(い)けば いいですか。 이 구역 자리는 어떻게 가면 돼요?

中(なか)で 食(た)べ物(もの)は 売(う)って いますか。 안에서 음식은 팔고 있나요?

Episode **04** 135 | **영화 관람하기**

606 **大人 2枚 ください。** 어른 두 장 주세요.
　　오또나　니마이　쿠 다 사 이

영화관 같은 문화 시설을 이용할 때 자주 쓰는 표현에는 어떤 것들이 있을까요? 즐거운 영화 관람에 유용한 표현에 대해 알아봅시다.

607 **切符売り場は どこですか。** 매표소는 어디예요?
　　킵 뿌 우 리 바 와　도 꼬 데 스 까

608 **最前列の 席は ありますか。** 맨 앞줄 자리 있어요?
　　사이 젠 레쯔 노　세끼 와　아 리 마 스 까

609 **パンフレットは ありますか。** 팸플릿 있어요?
　　팜 후 렛 토 와　아 리 마 스 까

610 **映画を 割引料金で 見ました。** 영화를 할인 요금으로 봤어요.
　　에 - 가 오　와리비끼료 - 낀 데　미 마 시 따

단어 Pick ▶ 大人(おとな) 어른 | 切符売(きっぷう)り場(ば) 매표소 | 最前列(さいぜんれつ) 맨 앞줄 | パンフレット (pamphlet) 팸플릿 | 映画(えいが) 영화 | 割引料金(わりびきりょうきん) 할인 요금

표현 Pick

◦ **표현 늘리기 ❷**

主演(しゅえん)は 誰(だれ)ですか。 주연은 누구예요?

開演(かいえん)は 何時(なんじ)ですか。 개막은 몇 시예요?

どんな ジャンルの 映画(えいが)ですか。 어떤 장르의 영화예요?

入場料(にゅうじょうりょう)は いくらですか。 입장료는 얼마예요?

団体割引(だんたいわりびき)は 何人(なんにん)からですか。 단체 할인은 몇 명부터예요?

611 送迎バスは ありますか。 픽업 버스 있어요?
소-게-바스와 아리마스까

여러분은 일본 하면 뭐가 제일 먼저 떠오르나요? 역시 온천 아닐까요?

612 温泉へ 1泊で 旅行に 行きます。 온천에 1박으로 여행 가요.
온셍에 입빠꾸데 료꼬-니 이끼마스

613 タオルとかの レンタルは ありますか。
타오루또까노 렌타루와 아리마스까

수건 같은 거 빌려주나요?

614 部屋に 露天風呂が 付いて いますか。
헤야니 로뗌부로가 츠이떼 이마스까

방에 노천온천이 딸려 있어요?

615 この 温泉は 神経痛に 効果が あるそうです。
코노 온셍와 신께-쯔니 코-까가 아루소-데스

이 온천은 신경통에 효과가 있다고 해요.

단어 Pick 送迎(そうげい)バス(bus) 픽업 버스 | 温泉(おんせん) 온천 | ~泊(はく・ぱく) ~박 | 旅行(りょこう) 여행 |
タオル(towel) 수건, 타월 | ~とか ~라든가, ~든지 | レンタル(rental) 렌털 | 露天風呂(ろてんぶろ) 노천온천 |
付(つ)く 갖추어지다, 딸리다 | 神経痛(しんけいつう) 신경통 | 効果(こうか) 효과 | ~そうだ ~라고 하다〈전문〉

표현 Pick

◦ **あるそうです** '있다고 해요'라는 뜻이에요. ある(있다)에 そうです가 붙은 형태로, 여기
에서 そうです는 '~라고 합니다, ~라고 해요'라는 뜻을 나타내요. 말하는 사람이 남에게 듣거
나 얻은 정보를 전달할 때 쓰는 표현법으로, 문법적으로는 '전문(伝聞)의 そうだ'라고 해요.

	현재	과거
명사	先生(せんせい)だそうです。 선생님이라고 해요.	先生(せんせい)だったそうです。 선생님이었다고 해요.
な형용사	真面目(まじめ)だそうです。 성실하다고 해요.	真面目(まじめ)だったそうです。 성실했다고 해요.
い형용사	暑いそうです。 덥다고 해요.	暑(あつ)かったそうです。 더웠다고 해요.
동사	雨(あめ)が 降(ふ)るそうです。 비가 내린다고 해요.	雨(あめ)が 降(ふ)ったそうです。 비가 내렸다고 해요.

샤 싱 오 톳 떼 쿠 다 사 이 마 셍 까
616 写真を 撮って くださいませんか。

사진을 찍어 주시지 않겠어요?

> 모처럼 간 일본 여행, 남는 건 사진밖에 없겠죠? 자, 치~즈! 사진 찍을 때 유용한 표현을 알아둡시다.

타 떼 무 끼 니 톳 떼 모 라 에 마 스 까
617 縦向きに 撮って もらえますか。 세로로 찍어 줄래요?

젠 싱 가 하 이 루 요 - 니 톳 떼 모 라 에 마 스 까
618 全身が 入る ように 撮って もらえますか。

전신이 들어가도록 찍어 줄래요?

아 노 타 떼 모 노 오 이 레 떼 톳 떼 모 라 에 마 스 까
619 あの 建物を 入れて 撮って もらえますか。

저 건물을 넣어서 찍어 줄래요?

토 리 마 - 스 하 이 치 - 즈
620 撮りま〜す。 はい、 チーズ。 찍을게요. 자, 치~즈.

단어 Pick ▶ 写真(しゃしん) 사진 | 撮(と)る (사진을)찍다 | 縦向(たてむ)き 세로 방향 | 全身(ぜんしん) 전신 | 入(は
い)る 들어가다 | ～ように ~(하)도록 | 建物(たてもの) 건물 | 入(い)れる 넣다 | はい 자〈주의를 환기시킬 때 씀〉 |
チーズ 치즈

표현 Pick

○ **て くださいませんか** '~해 주시지 않겠어요?, ~해 주시지 않을래요?'라는 뜻으로 이
표현도 남에게 뭔가를 부탁할 때 써요.

○ **入(はい)るように** 入(はい)る(들어가다)에 '~도록'이라는 뜻을 지닌 ように가 붙은 형태
로 '들어가도록'이라는 뜻이에요. 이 ように는 '동사의 기본형/동사의 ない형'에 붙어요.

早(はや)く 着(つ)く ように タクシーで 行(い)った。 빨리 도착하도록 택시로 갔다.

芝生(しばふ)に 入(はい)らない ように して ください。

잔디밭에 들어가지 않도록 해 주세요.

✻ 민규가 친구들과 여행을 왔어요. 🎧138

민규	스이마셍 샤싱 톳떼 이따다께마스까 **すいません。写真 撮って いただけますか。** 실례합니다. 사진 찍어 주실래요?
관광객	하이 이-데스요 **はい、いいですよ。** 예, 좋아요.
민규	아노 오떼라가 하이루 요-니 오네가이시마스 **あの お寺が 入る ように お願いします。** 저 절이 들어가도록 부탁드려요.
관광객	하이 와까리마시따 **はい、わかりました。** 예, 알겠어요.
민규	쟈 민나 와랏떼네 **じゃ、みんな 笑ってね。** 그럼, 모두 웃어요.
관광객	데와 산데 토리마스 **では、さんで 撮ります。** 그럼, 셋에 찍을게요.
	이찌 니 상 파샤 **いち、に、さん。(パシャ)** 하나, 둘, 셋. (찰칵)
	모- 이찌마이 이끼마스요- 파샤 **もう 一枚 行きますよ〜。(パシャ)** 한 장 더 갈게요[찍을게요]~. (찰칵)
민규	아리가또-고자이마시따 **ありがとうございました。** 감사합니다.
	혼또-니 키레-니 토레떼마스 **本当に きれいに 撮れてます。** 진짜 예쁘게 찍혔어요.
관광객	이-에 도-이따시마시떼 **いいえ、どういたしまして。** 아니요, 천만에요.

단어 Pick

○ 撮(と)る (사진을) 찍다
○ お寺(てら) 절
○ みんな 모두
○ 笑(わら)う 웃다
○ さんで 셋에서
○ パシャ 찰칵〈사진 찍는 소리〉
○ 本当(ほんとう)に 진짜로, 정말로
○ きれいに 예쁘게
○ 撮(と)れる (사진이) 잘 찍히다
○ どういたしまして 천만에요

1 다음 문장을 우리말로 옮겨 보세요.

❶ 全身が 入るように 撮って もらえますか。
_{ぜんしん} _{はい} _と

→ _____

❷ 部屋に 露天風呂が 付いて いますか。
_{へ や} _{ろ てん ぶ ろ} _つ

→ _____

❸ 案内して くださいませんか。
_{あんない}

→ _____

2 우리말 해석을 참고하여 보기와 같이 전문 표현으로 바꿔 보세요.

> 보기 彼女 / 歴史の / 先生　그녀는 역사 선생님이라고 해요.
> _{かのじょ} _{れき し} _{せんせい}
> → 彼女は 歴史の 先生だそうです。
> _{かのじょ} _{れき し} _{せんせい}

❶ ラーメン / おいしい　라면은 맛있었다고 해요.

→ _____

❷ 明日 / 雨が 降る　내일은 비가 온다고 해요.
_{あした} _{あめ} _ふ

→ _____

❸ 公園 / 静かだ　공원은 조용했다고 해요.
_{こうえん} _{しず}

→ _____

정답　1. ① 전신이 들어가도록 찍어 줄래요?　　2. ① ラーメンは おいしかったそうです。

　　② 방에 노천온천이 딸려 있어요?　　　② 明日は 雨が 降るそうです。
　　　　　　　　　　　　　　　　　　　　_{あした} _{あめ} _ふ

　　③ 안내해 주시지 않겠어요?　　　　　③ 公園は 静かだったそうです。
　　　　　　　　　　　　　　　　　　　　_{こうえん} _{しず}

마루짱의 블로그
생생한 일본 현지 이야기

프로필 ▶ 쪽지 ▶

이웃

category ∧

– 전체보기

ㄴ 일본 여행

ㄴ 일본 생활

ㄴ 일본 정보

tags 최근 | 인기

일본, 여행, 일본 편의점,
도시락, 일본 디저트, 쇼핑,
일본문화

일본 안의 작은 중국
요코하마 중화거리(横浜中華街)
<small>よこはまちゅうかがい</small>

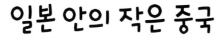

오래간만의 휴일, 일본 3대 중화거리 중 하나인 요코하마 중화거리(横浜中華街)에 다녀왔어요. 오전부터 추적추적 비가 내렸지만 입구부터 발 디딜 틈 없이 사람들로 북적북적.

화려한 입구를 지나 안으로 들어가니 붉은빛, 황금빛이 즐비한 가게들이 늘어서 있어 순간 전혀 다른 세계에 온 듯한 느낌이 들었어요. 일본어보다 중국어가, 일본 음악보단 중국 전통음악이 선명하게 들려오고 사방에서는 식욕을 돋우는 냄새가 코를 자극하기 시작했어요. 광동·상해·사천·북경의 4대 본고장 중화요리를 맛볼 수 있는 가게들이 많이 있었지만, 사실 이곳의 가장 큰 매력은 걸어다니며 먹는 거예요.

사실 배가 꽤 고팠던 터라 눈앞에 있는 가게에서 버블티를 원샷 하고 중화풍 수프를 손에 든 채 이곳저곳을 구경했어요. 그중 가장 눈에 띈 것은 골목마다 자리잡은 점집(占い店).

사실 운세나 점 같은 건 믿지 않지만 워낙 유명하다고 하니 뭔가에 끌리듯 손금을 보러 들어 갔어요.

"재물, 인기, 성공선이 확실하게 보여요. 다만 패왕선이 한쪽 손에만 있기 때문에 본인의 노력에 달려 있답니다."

이건 누구에게나 해당하는 말일 테지만, 긍정적인 말을 듣는 것만으로도 힘이 되니 한번쯤 기분 전환 삼아 보기에는 좋은 것 같아요.

정적이고 차분한 일본과는 조금 다른, 화려하고 색다른 매력이 있는 요코하마 중화거리. 늘 사람들로 붐비지만 중국의 춘절 기간인 1, 2월에 볼거리가 제일 많다고 해요. 일본에 여행 와 서 중국에 온 기분까지 느껴 보신다면 그야말로 일석이조가 아닐까요?

하야꾸　와땃 떼　쿠 다 사 이
早く　渡って　ください。
빨리 건너세요.

싱고ー 카 와 리 마 시 따
信号　変わりました。
신호 바뀌었어요.

키 껜 데 스　치까요 라 나 이 데　쿠 다 사 이
危険です！近寄らないで　ください。
위험해요. 접근하지 마세요.

문제 해결

케-사쯔 오 욘 데 쿠 다 사 이
警察を 呼んで ください。
경찰을 불러 주세요.

타스 께 떼
助けて。 도와주세요.

아시모또 니 츄-이시떼 쿠 다 사 이
足元に 注意して ください。
발을 조심하세요.

한눈에 보는 핵심 포인트

와따시 노　박 구 가　아리마 셍
621 私の バッグが ありません。 제 가방이 없어요.

물건을 잃어버렸을 때 쓸 수 있는 표현에 대해 알아봅시다.

호 테 루 니　사이 후 오　와 스 레 마 시 따
622 ホテルに 財布を 忘れました。 호텔에 지갑을 두고 왔어요.

바 스 니　스 마 호 오　오 끼 와스레마 시 따
623 バスに スマホを 置き忘れました。 버스에 스마트폰을 놓고 왔어요.

쿠 레 짓 토 카 - 도 오　나 꾸 시 마 시 따
624 クレジットカードを 無くしました。 신용카드를 분실했어요.

사 이 후 오　스 라 레 마 시 따　시 라 베 떼　모 라 에 마 스 까
625 財布を すられました。調べて もらえますか。
지갑을 소매치기당했어요. 조사해 줄래요?

단어 Pick ▶ バッグ(bag) 가방 | ホテル(hotel) 호텔 | 財布(さいふ) 지갑 | 忘(わす)れる 잊다, (물건을) 잊고 두고 오다 | 置(お)き忘(わす)れる (물건을) 둔 곳을 잊다, 가지고 오는 것을 잊다 | クレジットカード(credit card) 신용카드 | 無(な)くす 잃다, 분실하다 | する 소매치기하다 | 調(しら)べる 조사하다

표현 Pick

○ **동사의 수동형 만들기** 수동형은 어떤 행위를 당한 사람의 입장을 나타낼 때 쓰는데, 주로 피해를 당했을 경우를 나타내요. 2그룹 동사는 끝 글자 る를 떼고 られる, 1그룹 동사는 끝 글자를 あ단으로 바꾸고 れる를 붙이면 돼요. 3그룹 동사는 무조건 외우기, 잊지 않으셨죠?
れる・られる는 수동 표현 외에 가능과 존경을 나타내는 용법도 있어 앞뒤 문맥을 잘 살펴야 해요.

1그룹 동사	する 소매치기하다 読(よ)む 읽다	끝 글자를 あ단으로 바꾸고 ＋れる →	すられる 소매치기당하다 読(よ)まれる 읽히다
2그룹 동사	見(み)る 보다 食(た)べる 먹다	끝 글자 る를 떼고 ＋られる →	見(み)られる 보이다 食(た)べられる 먹히다
3그룹 동사	来(く)る 오다 する 하다	무조건 외우기	来(こ)られる 오다 ※ 능동으로 해석 される 되다

626 誰か、助けて ください。 누군가 도와주세요.

다레 까　타스께떼　쿠 다 사 이

사고가 났을 때 쓸 수 있는 표현에 대해 알아봅시다.

627 事故に あいました。 사고를 당했어요.

지 꼬 니　아 이 마 시 따

628 警察を 呼んで ください。 경찰을 불러 주세요.

케 - 사 쯔 오　욘 데 쿠 다 사 이

629 病院に 連れて いって ください。 병원에 데려가 주세요.

뵤 - 인 니　츠 레 떼　잇 떼 쿠 다 사 이

630 後ろから ぶつかって きたんです。 뒤에서 부딪쳐 왔어요.

우 시 로 까 라　부 쯔 깟 떼　키 딴 데 스

단어 Pick ▶ 誰(だれ)か 누군가 | 助(たす)ける 돕다 | 事故(じこ)に あう 사고를 당하다 | 警察(けいさつ) 경찰 | 呼(よ)ぶ 부르다 | 病院(びょういん) 병원 | 連(つ)れる 데려가다 | 後(うし)ろ 뒤, 뒤쪽 | ぶつかる 부딪치다, 충돌하다 | ~て くる ~해 오다

문화 Pick

○ **交番(こうばん)** 우리나라의 치안센터 같은 곳으로, 번화가나 사람이 많이 다니는 길목에 위치하고 있어요. 건물 규모는 상당히 작아요. 길을 잃거나 물건을 잃어버렸을 때 등 도움이 필요할 때 거부감 없이 방문할 수 있는 곳이에요.

코꼬가　이따이데스
631 **ここが　痛いです。** 여기가 아파요.

병원이나 약국에 가서 증상을 설명할 때 필요한 표현에 대해 알아봅시다.

스꼬시　네쯔가　아리마스
633 **少し　熱が　あります。** 열이 조금 있어요.

케쯔에끼가따 와　에ー가따데스
632 **血液型は　A型です。** 혈액형은 A형이에요.

구아이가　와루이데스
634 **具合が　悪いです。** 몸 상태가 안 좋아요.

신단쇼오　모라에마스까
635 **診断書を　もらえますか。** 진단서를 받을 수 있어요?

단어 Pick ▶ 痛(いた)い 아프다 │ 少(すこ)し 조금, 약간 │ 熱(ねつ) 열 │ 血液型(けつえきがた) 혈액형 │ ～型(がた) ~형 │
具合(ぐあい) (건강) 상태 │ 悪(わる)い 나쁘다 │ 診断書(しんだんしょ) 진단서 │ もらう 받다

표현 Pick

○ 표현 늘리기 ❶

めまいが　します。 현기증이 나요.

やけどを　しました。 화상을 입었어요.

げりを　して　います。 설사를 해요.

足(あし)を　けがしました。 다리를 다쳤어요.

喉(のど)が　痛(いた)いです。 목(구멍)이 아파요.

ピーナッツアレルギーです。 땅콩 알레르기예요.

お腹(なか)が　痛(いた)いです。 배가 아파요.

지 신 데 스
636 **地震です！** 지진이에요!

위험과 주의사항 등을 알리는 표현을 익혀서 피해를 입는 일이 없도록 합시다.

카 지 데 스
637 **火事です！** 불이에요!

아시모또 니 츄 - 이 시 떼 쿠 다 사 이
638 **足元に 注意して ください。** 발을 조심하세요.

츠 나 미 노 오 소 레 가 아 리 마 스
639 **津波の おそれが あります。** 지진해일의 위험이 있습니다.

키 껜 데 스 치 까 요 라 나 이 데 쿠 다 사 이
640 **危険です！ 近寄らないで ください。** 위험해요! 접근하지 마세요.

단어 Pick ▶ 地震(じしん) 지진 ┃ 火事(かじ) 화재 ┃ 足元(あしもと) 발밑, 또는 그 언저리 ┃ 注意(ちゅうい) 주의, 조심 ┃
津波(つなみ) 지진해일 ┃ おそれ 염려, 우려 ┃ 危険(きけん) 위험 ┃ 近寄(ちかよ)る 접근하다, 가까이 다가가다

표현 Pick

○ 표현 늘리기 ❷

並(なら)んで ください。 줄을 서세요.

ご遠慮(えんりょ)ください。 삼가 주세요.

もう 少(すこ)し 静(しず)かに お願(ねが)いします。 조금 조용히 해 주세요.

他(ほか)の お客様(きゃくさま)に 迷惑(めいわく)に なります。
다른 손님에게 폐가 됩니다.

보이는 실전 일본어

✽ 기침으로 힘든 다현이가 병원에 왔어요. 🎧143

의사 콘 니 찌 와　도 - 사 레 마 시 따 까
こんにちは、どうされましたか。
안녕하세요.　　　　　어떻게 오셨어요?

다현 세끼 가　데 떼　요루 네무레 나 인 데스
咳が 出て 夜 眠れないんです。
기침이　나서　밤에 잠을 잘 수 없어요.

의사 쟈 -　촛 또 타이옹오 하 까 리 마 쇼 -
じゃあ、ちょっと 体温を はかりましょう。
그럼,　잠깐　체온을　재 봅시다.

노도 와　도 - 데 스 까
喉は どうですか。
목은　어때요?

다현 모 노 오　노 미 꼬 무　토 끼 이 따 이 데 스
ものを 飲み込む とき 痛いです。
음식을　삼킬　때　아파요.

의사 하 잇　쿠찌오 오 - 끼 꾸 아 께 떼 쿠 다 사 이
はいっ、口を 大きく 開けて ください。
예,　입을 크게　벌려 보세요.

· · · · · · · · · · · · · ·

의사 카 제 데 스 네　노 도 가　하 레 떼　이 떼
風邪ですね。喉が 腫れて いて、
감기네요.　목이　부어 있고

네쯔 모　아 리 마 스
熱も あります。
열도 있어요.

쿠스리 오　논 데　육 꾸 리 야 슨 데 쿠 다 사 이
薬を 飲んで ゆっくり 休んで ください。
약을 먹고　푹　쉬세요.

아 또　스이붕오 쥬 - 분 니　톳 떼 쿠 다 사 이
あと、水分を 十分に 取って ください。
그리고　수분을　충분히　취하세요.

다현 와 까 리 마 시 따
分かりました。
알겠습니다.

단어 Pick

◦ どうされましたか 어떻게
오셨어요?, 무엇을 도와 드릴까요?

◦ 咳(せき)が 出(で)る 기침이
나오다

◦ 夜(よる) 밤

◦ 眠(ねむ)る 자다, 잠자다

◦ 体温(たいおん) 체온

◦ はかる 재다, 측정하다

◦ 喉(のど) 목, 목구멍

◦ どうですか 어떻습니까?

◦ 飲(の)み込(こ)む 삼키다

◦ ～とき(時) ~때

◦ 口(くち) 입

◦ 開(あ)ける 열다

◦ 風邪(かぜ) 감기

◦ 腫(は)れる 붓다

◦ 薬(くすり)を 飲(の)む 약을 먹다

◦ ゆっくり 푹, 느긋하게

◦ 休(やす)む 쉬다

◦ 水分(すいぶん) 수분

◦ 十分(じゅうぶん)に 충분히

◦ 取(と)る 취하다, 먹다

1 다음 문장을 일본어로 옮겨 보세요.

❶ 누군가 도와주세요.

_____

❷ 몸 상태가 안 좋아요.

_____

❸ 제 스마트폰이 없어요.

_____

2 우리말 해석을 참고하여 보기와 같이 수동 표현으로 바꿔 보세요.

> 보기 友達 / 来る 친구 / 오다
>
> → 友達に 来られました。 친구가 왔어요.

❶ 足 / 踏む → _____ 발을 밟혔어요.

❷ 先生 / 呼ぶ → _____ 선생님이 불렀어요.

❸ 彼女 / 振る → _____ 여자 친구에게 차였어요.

단어 Pick ▶ 踏(ふ)む 밟다 | 振(ふ)る 뿌리치다, 퇴짜 놓다

정답 1.① 誰か、助けて ください。
② 具合が 悪いです。
③ 私の スマホが ありません。

2.① 足を 踏まれました。
② 先生に 呼ばれました。
③ 彼女に 振られました。

마루짱의 블로그
생생한 일본 현지 이야기

프로필 ▶ 쪽지 ▶

이웃

category ∧

─ 전체보기

└ 일본 여행

└ 일본 생활

└ 일본 정보

tags   최근 | 인기

일본, 여행, 일본 편의점,
도시락, 일본 디저트, 쇼핑,
일본문화

일본 여행 시

이것만은 조심하자!

　일본은 한국인에게 인기 있는 여행지라 출퇴근 길에도 캐리어를 든 한국인을 매일 같이 볼 수 있어요. 지리적으로는 가까운 일본이지만 문화적 차이가 있기 때문에 즐거운 여행을 위해 기본 매너는 알아두는 게 좋겠죠?

1. 음식점에서는 입구에서 점원의 안내를 기다릴 것!

　한국에서는 빈자리에 앉으면 점원이 메뉴판을 가져다주는 것이 일반적이지만, 일본에서는 점원이 자리를 안내해 줄 때까지 입구에서 기다리는 게 일반적입니다. 빈자리가 많이 있더라도 점원이 안내해 줄 때까지 꼭 기다려 주세요.

2. 계산할 때 손에 돈을 건네는 것은 금물!

계산할 때 직원 손에 직접 돈을 건네는 것은 무례한 행동으로 받아들여질 수 있어요. 식당, 편의점을 포함한 모든 상점의 계산대에는 돈을 올려 두는 작은 트레이가 있으니 현금은 물론 신용카드도 트레이에 올려놓으세요.

3. 백팩을 메고 전철에 탈 때는 반드시 앞으로!

출퇴근 시간, 특히 아침 시간대에는 고개를 옆으로 돌리기조차 힘들 정도로 전철 안은 정말 승객으로 빼곡하답니다. 이런 전철 안에서 큰 백팩을 메고 있으면 주위 사람들에게 민폐가 되니 커다란 백팩은 앞으로 메거나 손에 들고 타는 게 매너예요.

4. 엘리베이터에서도 감사 인사를!

사소한 일에도 감사 인사를 하는 것이 몸에 배어 있는 일본인은 엘리베이터를 타고 내릴 때도 인사를 해요. 버튼 근처에 서 있는 사람은 다른 사람들이 내릴 때까지 열림 버튼을 눌러 주고, 먼저 내리는 경우에도 "스이마셍(すいません : 감사해요)" 하고 짧게 인사를 하거나 가볍게 고개를 숙이는 것을 쉽게 볼 수 있어요. 문이 열리자마자 바로 쌩 하고 내리기보다 가벼운 목례로 감사 인사를 건네는 건 어떨까요?

memo